10|18
12, avenue d'Italie — Paris XIIIe

Du même auteur
dans la collection 10/18

Rayez les mentions inutiles, n° 2147
Le roi d'un pays pluvieux, n° 2213

PSYCHANALYSE D'UN CRIME

PAR

NICOLAS FREELING

Traduit de l'anglais
par Paul VERGUIN

10|18

« Grands Détectives »
dirigé par Jean-Claude Zylberstein

Si vous désirez être régulièrement tenu au courant
de nos publications, écrivez-nous :
Éditions 10/18
12, avenue d'Italie
75627 Paris Cedex 13

Titre original :
Criminal Conversation

ISBN 2-264-02232-9

PREMIÈRE PARTIE

I

Van der Valk se sentait légèrement grognon. La fatigue. Ces temps-ci, au Central Recherche — la P.J. d'Amsterdam — un nombre étonnant de coups fourrés leur était tombé sur le dos. Toute une série de contretemps, de faux problèmes et de singeries. Du moins pouvait-il se féliciter qu'il n'y ait eu aucun cas de fraude fiscale. En principe, on les refilait à une petite brigade spécialisée, dirigée par un inspecteur-chef diplômé de sciences économiques : « ces messieurs économes », comme les appelait le commissaire Samson (lui non plus ne les aimait pas). Hiérarchiquement, l'inspecteur-chef Kan et l'inspecteur Scholten étaient plus haut placés que Van der Valk, mais celui-ci passait devant dans l'esprit de Samson (lui non plus n'avait rien d'un gentleman).

En fait, ils avaient été copieusement rincés par une de ces bonnes vagues qui déferlent régulièrement sur ce que les journaux à gros tirages s'entêtent à appeler « le milieu ». Le public raffole du milieu, surtout quand les journalistes dénichent de beaux surnoms inédits dans leur dictionnaire de synonymes. A la police, on serait plutôt porté sur les platitudes.

Rita Beaux-Sourcils, ainsi nommée pour les avoir rasés à zéro, était venue dénoncer carrément, pour des raisons connues d'elle seule, la « figure bien connue du milieu » qui avait récemment réglé le compte du Grec. D'ailleurs, c'était la faute du Grec ; comment avait-il pu être assez teigneux pour succomber à ses blessures après l'explosion ? Aussi, munis d'une accusation aussi impeccablement taillée sur mesure, avaient-ils été obligés d'arrêter Janus le Bigleux. Pendant la confrontation, Rita se rétracta catégoriquement. Elle leur expliqua que Kurt Gueule-de-Rat, le « meilleur ami » de Janus, ne manquerait pas de lui faire sa fête s'il apprenait qu'elle avait donné son pote. Ils lui expliquèrent avec la même patience que, premièrement, les juges avaient horreur des dénonciations anonymes, et que, deuxièmement, Kurt était juste en train de commencer à tirer deux ans pour attaque à main armée avec dommages corporels, plus, tout à fait accessoirement, port d'arme illégal. (« Un risque en fait toujours courir un autre ! » avait finement remarqué le juge d'instruction.)

Réconfortée par tant d'égards et d'intelligence, Rita avait finalement accepté de reconsidérer la chose. Contrairement aux rêveries sentimentales du public, les prostituées ne se sentent pas effroyablement malheureuses, ni désespérément mortifiées de devoir verser à leur protecteur les quatre cinquièmes de leurs gains. Rita n'avait tout bonnement jamais pardonné à Janus de crier sur les toits qu'elle ne se rasait pas seulement les sourcils.

Puis elle avait répété sa petite histoire devant le juge d'instruction. Le dossier avait été transmis au procureur, et il n'y avait plus eu d'anicroches jusqu'à l'apparition de Janus dans le box des accusés, ricanant et louchant tant et plus. Alors la garce avait tout démenti en plein tribunal, sans sourciller (évidemment), et Janus avait exigé sa mise en liberté immédiate pour manque total de fondement dans l'accusation dont il était victime.

— Et la prochaine personne qui se présente devant moi pour dénoncer quelqu'un, je l'envoie au trou pour exhibitionnisme ! criait Van der Valk, furax.

Il n'était pas encore calmé, le lendemain matin, lorsqu'il reçut une lettre qui accusait le docteur Hubert Van der Post d'avoir assassiné un dénommé Cabestan (artiste peintre alcoolique d'un certain âge que l'on avait trouvé mort dans son appartement, et dont le décès, il est vrai, semblait quelque peu insolite).

A part ça, l'inspecteur-chef Kan était toujours en permission, ou plutôt en congé de maladie. Pour cause d'hémorroïdes. Non seulement ça fait mal mais ça doit drôlement humilier, aucun doute. Au fond, Van der Valk aimait bien l'inspecteur-chef Kan, il pensait que c'était un bon type, guindé et tout ce qu'on voudra, mais consciencieux et régulier. Dommage qu'il se croie obligé de faire un tas d'histoires avec ses hémorroïdes.

Il relut deux fois la lettre et traîna tant qu'il put dans le couloir jusqu'au bureau du commissaire Samson.

Grande surprise : Samson était en train de travailler ! Il avait dû jurer d'avoir Janus le Bigleux d'une façon ou d'une autre, quitte à en attraper des hémorroïdes. En deux ans d'efforts, tout ce qu'ils avaient pu coller au charmant personnage, c'était trois mois ferme — dont deux et demi de préventive — pour maquillage de plaques minéralogiques avec intentions délictueuses. (Les temps devenaient si durs pour les petits métiers lucratifs, que même celui qui consistait à importer d'Allemagne des voitures d'occasion bonnes pour la casse, en payant religieusement les droits de douane sur la ferraille, était scié.) Samson était en train de travailler dur le Code pénal, au chapitre des condamnations pour cinq ans. Van der Valk déposa la lettre sur le bureau. Le commissaire cessa péniblement de rouler des pensées vengeresses, fit descendre ses lunettes sur son nez, et orienta son regard vers le coin de son bureau. Sa réaction ne fut pas celle que Van der Valk espérait (celle du doigt tendu vers la corbeille à papiers).

— Vous êtes occupé, en ce moment ?

— Débordé ! répondit Van der Valk avec satisfaction.

— Et qu'est-ce que vous faites ?

— Un pauvre type qui a fait tomber sa voiture dans le canal. La grue des pompiers l'a repêchée, et les gars sont tombés sur six mille magazines pornos en ouvrant le coffre.

— Alors vous êtes débordé.

— Vous voulez dire qu'on laisse filer ? C'était l'idée du pauvre type. Vous êtes d'accord ?

— Pourquoi pas ?

— Oh ! rien. On va avoir l'air finaud.

— On l'a déjà, de toute façon ! dit Samson, très désagréable.

Van der Valk ne voyait aucun moyen de s'en sortir. De toute façon, c'était le boulot de Kan. Je te réserve une canne dans la roue de ta bécane, Kan.

De retour dans son bureau, il relut encore une fois la lettre. Décidément, c'était une drôle de lettre.

Monsieur,

*Je ne doute pas que vous attachiez fort peu d'importance aux lettres anonymes. Et je sortirais volontiers de l'anonymat en échange de certaines garanties. Dans le même temps, je ne manquerais pas de vous faire part des conclusions auxquelles j'ai atteint quant à la mort d'un certain Cabestan. Au cas où vous n'y verriez aucun intérêt, je me garderais d'insister. Cependant, si la police est désireuse d'apprendre que le responsable direct de ce décès est sans nul doute le docteur Hubert Van der Post, je suis prêt à rencontrer l'un de ses représentants à l'entrée de l'*Amstel Hotel, *ce jour même, à dix heures cinquante précises. Afin de se faire reconnaître, il pourra laisser tomber un exemplaire du* Frankfurter Allgemeine Zeitung.

Van der Valk jeta un coup d'œil à sa montre. Dix heures moins dix. Il caressa un instant l'idée d'épingler cet ingénieux gentleman et de le reconduire à domicile ou à son lieu de travail, et d'y étudier à loisir son identité. Il fit la grimace. Ce ton doucereux pour parler de la police... Ce style important, surfait et entortillé, pour construire une somptueuse lettre anonyme... Peu enthousiaste, Van der Valk n'en décida pas moins de faire le travail lui-même. Les magazines pornographiques n'étaient pas tellement amusants non plus.

Il eut dix minutes à attendre, qu'il passa à lire le *Frankfurter Allgemeine Zeitung*, son intérêt faiblissant de plus en plus. Mais à dix heures cinquante précises, un homme sortit brusquement de l'hôtel, s'arrêta, et regarda vivement autour de lui. Mince, la cinquantaine distinguée. Van der Valk laissa ostensiblement tomber son journal, en espérant que quelqu'un allait lui remettre subrepticement un microfilm du paquet de flocons d'avoine que U Thant avait ouvert à son petit déjeuner. L'homme se dirigea droit sur lui.

— J'ai réservé un taxi ! lui annonça-t-il d'une voix glacialement supérieure.

Van der Valk ramassa son journal, se dépêcha, et embarqua humblement.

— Chauffeur, sur le Javakade !

Sans discussion. Le chauffeur embraya avec nonchalance. L'homme ne parlait pas ; il n'arrêtait pas de regarder par la lunette arrière. Van der Valk l'examina à son aise. Longue figure osseuse, légèrement grisâtre. Complet gris de chez le bon faiseur. Cheveux argentés en ordre parfait. Deux yeux, un nez et une bouche habitués à présider et à dominer un conseil d'administration. Un homme tracassier, obstiné, bourré de préjugés, mais aussi d'intelligence et d'esprit de décision.

Il se demandait ce qu'on pouvait bien aller faire, grands dieux, sur le Javakade, quai interminable et désertique où les comptoirs florissants de la East Indian n'avaient pas survécu à la belle mort de l'empire colonial. Puis il comprit. Ce n'était pas si bête, après tout. Du centre d'Amsterdam jusqu'aux docks, il fallait franchir une multitude de canaux, traverser des îlots, rouler au ralenti sur une seule file entre ponts tournants et ponts basculants. Aucune difficulté à repérer une autre voiture qui se dirigerait éventuellement vers le Javakade, où les quais se terminent en impasse.

— Là, ça ira, chauffeur. Attendez-nous cinq minutes.

Ils descendirent, tournèrent le coin d'un entrepôt et s'avancèrent sur le quai.

— Qui êtes-vous exactement ? demanda la voix supérieure.

— Je m'appelle Van der Valk. Il se trouve que c'est moi qui ai ouvert votre lettre, ce matin. Voici ma carte, vérifiez.

Un coup d'œil perçant.

— En tout cas, je vous remercie de ne pas avoir essayé de me faire suivre. Êtes-vous prêt à m'écouter ? Êtes-vous prêt à accueillir ce que j'ai à dire en toute confiance, du moins si je parviens à me faire comprendre ? Bien. Si vous êtes d'accord, nous pouvons retourner en ville.

Cette fois, le taxi démarra énergiquement. Si le chauffeur était curieux, il n'en avait pas l'air. En un rien de temps ils furent à proximité de la gare. Après avoir payé la course, sans un regard pour Van der Valk, l'homme gris traversa le pont d'un pas égal, ni lent ni rapide, et se dirigea vers les voitures garées le long de la rive. Il débloqua la portière d'une Rover noire très austère et fit signe au policier de prendre place. Ça fleurait bon le cuir blond, là-dedans. Le soleil, qui se tenait planqué derrière un nuage, risqua un œil sur Amsterdam, sans enthousiasme, et reprit sa planque.

— Tout ça me semble un peu puéril, dit Van der Valk avec indifférence. C'est ce que j'appellerais gâcher un taxi. Le chauffeur pourra vous reconnaître, au besoin.

— Aucune importance, dit l'autre d'une voix égale. Je voulais voir si vous me faisiez suivre, ce qui aurait dénoté une mauvaise foi typiquement policière. Si vous aviez tenté de vous renseigner sur moi avant même de m'entendre, j'aurais refusé de vous parler. Une course en taxi, cela n'a pas le moindre prolongement légal.

— Vous savez, tout le truc légal m'ennuie à mourir. Vous m'avez donné rendez-vous et je suis venu. Bien sûr, je veux savoir qui vous êtes et pourquoi vous m'avez écrit une drôle de lettre, sinon je ne serais pas là. Il n'y aurait rien eu d'anormal à ce que je vous fasse suivre par un de mes hommes. C'est vous-même qui avez cherché à éveiller ma curiosité. Je ne vois pas pourquoi vous nieriez avoir écrit cette lettre. Si vous n'étiez pas décidé à aller jusqu'au bout dans les accusations que vous prétendez assumer, pourquoi l'auriez-vous écrite ? Pour gâcher votre temps ainsi que le mien ?

Aucun doute, l'homme gris eut un mince sourire.

— Je suis un homme d'affaires, monsieur Van der Valk. Je me flatte pourtant de n'avoir commis, de toute ma carrière, aucune entreprise malhonnête, ni même équivoque. Cela ne m'empêche pas d'avoir une grande expérience des gens malhonnêtes, voire de traiter des affaires avec eux. Je suis un homme prudent, ce à quoi je dois sans doute ma réussite. La lettre, ainsi que le taxi, constituaient une sorte de test. J'étais prêt à revenir sur mon offre à tout moment, et je le suis toujours, d'ailleurs.

— Bon, je vais vous écouter en toute confiance, jusqu'au moment où je saurai exactement ce que vous attendez de moi. Alors je vous dirai ce que j'en pense en toute sincérité. Êtes-vous satisfait ?

— Oui, monsieur Van der Valk. A priori, je ne

pense pas que vous manquiez de sens moral. Mais c'est qu'il s'agit, somme toute, d'un cas de conscience. Que feriez-vous si vous saviez que quelqu'un a commis un crime, et ceci avec une certitude absolue, mais sans en avoir la preuve matérielle ?

Van der Valk pensait tristement à Janus le Bigleux. Il y avait ce qu'on pourrait appeler une légère différence de milieu, mais c'était le même problème de fond.

— Dans ces cas-là, nous nous armons de patience. La preuve matérielle est un animal qui peut surgir de n'importe quel coin.

— Exact. Je n'ai aucune preuve de tout ce que je peux alléguer.

— Mais vous en avez la certitude, si j'ai bien compris.

— Vous en jugerez vous-même. Je n'ai pas l'intention de me laisser reprocher des propos diffamatoires. Ma parole n'a jamais été mise en question, jusqu'à présent, et il n'y a pas de raison pour que ça change. Ce que je vais vous dire aura ou non des conséquences, d'après ce que vous déciderez, mais n'attendez pas de moi une accusation formelle. Je ne tiens pas à mettre mon nom en avant. Si preuve il doit y avoir, ce sera à vous de la trouver et de la produire. Êtes-vous vraiment étonné par toutes ces précautions, par mon hésitation à donner mon nom avant d'être certain que je m'adresse à un homme de parole qui respectera la mienne, et qui fera preuve d'intelligence ? Croyez-vous que je puisse monter l'escalier de la police, donner ma carte de visite au premier uniforme venu, et livrer une histoire dangereuse (qui aura du poids par le seul fait qu'elle viendra d'un homme habitué à peser ses mots) à n'importe quelle nullité comptant assez d'années de service pour avoir droit à une chaise derrière un bureau ? J'ai écrit cette lettre anonyme en toute connaissance de cause, sans savoir si vous réagiriez. Mais vous avez réagi, et cela me porte à croire que je vais aller plus loin. Quoi qu'il en soit, monsieur Van der Valk, il est encore temps d'en rester là.

Van der Valk n'avait pas moufté. Il prit une cigarette, l'alluma, et posa son coude en haut de la banquette afin de se tourner un peu vers son voisin.

— Vous êtes vraiment compliqué ! Vous voulez accuser quelqu'un et ne pas en porter la responsabilité. Aussi avez-vous organisé tout ça dans le but et dans l'espoir, j'en suis sûr, de vous assurer de ma connivence en excitant ma curiosité. Voilà la vraie raison de cette histoire du taxi, sans doute. Très bien, je suis capable de comprendre ça. Vous vous faites du souci parce que vous pensez que votre accusation pourrait tomber à l'eau, faute d'intérêt, ou bien même que je vais vous prendre pour un diffamateur. Réglons ça une fois pour toutes. Si je ne trouve rien de bon à prendre dans ce que vous savez ou croyez savoir, j'oublierai notre conversation. Je n'essaierai même pas de connaître votre identité. Et si je pense que l'action s'impose, j'en prendrai moi-même la responsabilité. Votre nom ne sera pas dévoilé avant qu'on ait trouvé des preuves, si preuves il y a. Cela suffit-il à vous convaincre de ma bonne foi ?

— Oui. Décidément, vous êtes quelqu'un d'intelligent.

— Vous auriez aussi bien pu me dire tout ce que vous saviez dans la lettre, et rester anonyme, tout en me laissant la décision d'agir ou de laisser tomber.

— Certains membres de ma famille sont impliqués dans cette histoire. Outre cet aspect purement fortuit de la chose, il s'agit d'une grave allégation. Si je décide de la faire, je la fais en personne. Je ne suis pas un indicateur de coin de rue.

« Où a-t-on vu que la suffisance pouvait passer pour de la dignité ? » se demanda Van der Valk.

— Vous savez, dit-il pesamment, vous m'en demandez beaucoup.

— C'est vrai. Mais vous remarquerez que je fais moi-même un certain effort. Dans mon propre intérêt, je ferais bien mieux de garder le silence. Cependant, ce serait un silence coupable, qui ferait de moi une espèce de complice d'assassinat.

— Je crois que le moment est venu de me dire qui vous êtes.

« C'est drôle, pensa-t-il, c'est vraiment tordant ! »

— Je m'appelle Carl Merckel. Je suis un banquier d'affaires. Je suis président-directeur général de la Lutz Brothers.

Cette réponse agaça vivement Van der Valk. Il se sentit instantanément projeté en équilibre instable. Cet homme faisait partie de la demi-douzaine des plus hauts personnages de Hollande. Avec un doigt dans toutes les grosses affaires, une participation dans chaque projet d'État, deux ou trois ministres dans sa serviette et trois ou quatre secrétaires d'État dans la poche gauche de son pantalon. S'il en avait eu le désir, il aurait pu mettre en mouvement tout l'appareil de la police, sans que son nom soit mentionné nulle part. Mais il ne l'avait pas fait. Van der Valk lui en était reconnaissant, mais cela ne suffisait pas à calmer ses nerfs. La veille au soir, dans un salon du *Amstel*, cet homme s'était assis à table en compagnie du ministre de la Justice, d'une altesse royale, de deux présidents de la Netherlands Trading Company, et du bourgmestre d'Amsterdam, pour un petit dîner...

— Je vous connais de nom, dit-il. Je sais quels sont vos amis. Pourquoi ne pas leur avoir servi votre histoire ?

Impassible, Merckel ignora cette remarque. Il semblait avoir carrément déposé son regard sur le bois précieux du tableau de bord.

— Cet entretien a lieu dans un parking, dit-il sèchement. Je ne vous ai pas demandé de me rencontrer à mon domicile ni à mon bureau, et je vous serais reconnaissant de ne vous présenter ni à l'un ni à l'autre. Je vous donnerai un numéro de téléphone où vous pourrez me joindre. Et maintenant, venons-en à l'essentiel.

Van der Valk alluma une autre cigarette et se laissa aller. A portée de regard et d'oreilles, ce n'étaient que tramways brimbalants, voitures, klaxons, enchevêtrements de bicyclettes, foule, vacarme et tohu-bohu : on était dans le New Side Voorburgwal, l'un des quartiers d'Amsterdam les plus sordides. Celui des journaux, des officines de publicité, des bouquinistes miteux et des zincs minables. Les portes étaient couvertes d'un mélange de vieille poussière et de peinture écaillée. Les trottoirs étaient encombrés de poubelles qu'on n'avait pas encore rentrées. L'accès aux toilettes publiques était complètement bloqué par un amas de bicyclettes au délabrement avancé. Protégé par l'odeur de cuir souple et de mécanique de luxe, Van der Valk luttait contre un puissant sentiment d'irréalité.

— Il y a peu de temps, poursuivit Merckel, un homme est venu me voir. Je l'avais vaguement connu quelques années plus tôt, alors qu'il était un peintre à la mode. Je lui avais demandé de faire le portrait de ma première femme. Cet homme s'appelait, ou se faisait appeler, Casimir Cabestan. Il m'a demandé si ma seconde femme, qui est très belle, pourrait poser pour lui. J'ai refusé. Alors il m'a sorti un discours des plus embrouillés, plein de vagues insinuations et de menaces déguisées, que j'ai pris aussitôt pour une tentative de chantage. Je l'ai énergiquement remis à sa place.

« Je veux bien le croire », pensa Van der Valk.

— Il prétendait que ma femme entretenait une liaison avec son médecin traitant, qu'il avait heureusement découvert la chose — comment, il ne me l'a pas dit — et que cela méritait bien, d'après lui, une grosse récompense. Je lui ai répondu que je n'allais pas hésiter à le poursuivre en justice, et je crois que cela l'a suffisamment effrayé.

Il se tourna vers Van der Valk, et il y avait enfin un petit quelque chose dans son regard. Un peu de chaleur passait dans sa voix quand il se remit à parler.

— Je suis très amoureux de ma femme. Si j'ai cherché à y voir clair dans ce fatras de malveillances, c'était pour être sûr que je pourrais la protéger contre les conséquences d'un bavardage indiscret ou d'une étourderie. J'ai trouvé l'adresse de cet individu, Cabestan : une espèce de logement sous les toits, dans la maison d'un médecin que ma femme a effectivement consulté, et que j'ai d'ailleurs consulté moi-même. C'est un excellent médecin, attentif et adroit. Je crois que, dans la profession, il passe pour peu orthodoxe, du moins quant à ses méthodes, mais aussi pour un homme qui guérit ses malades. Bref, je n'avais aucune raison de lui vouloir du mal ni de lui en prêter. J'en ai conclu que toute cette histoire n'était qu'un tissu d'inventions nuisibles. J'ai pris mes renseignements sur ce Cabestan. Sa réputation de peintre est morte — je devrais dire qu'il l'a tuée. Il s'était mis à boire. Il en était réduit à toutes sortes d'expédients pour joindre les deux bouts... Et puis, en lisant le journal, je suis tombé sur trois lignes dans les faits divers : l'homme était mort subitement, sans raison bien précise, à ce qu'il semblait. Cela m'a fait réfléchir. Je n'ai guère l'expérience des maîtres chanteurs. (Il n'y avait quasiment aucune ironie dans sa voix.) Mais j'ai pensé que si quelqu'un disposait d'un moyen de pression plus efficace que celui que cet homme avait contre moi, et s'il essayait de l'exercer contre un personnage assez important socialement, comme je le suis moi-même, il risquerait d'être un beau jour victime d'un attentat. Enfin, vous devez savoir mieux que moi ce qu'il faut en penser. Bien. J'en arrive au plus important.

» Le lendemain ou le surlendemain de la mort de Cabestan, ma femme s'est rendue chez son médecin. Elle n'en a pas fait le moindre mystère. Sans en avoir l'air, je lui ai demandé pourquoi elle y allait. Elle m'a répondu spontanément qu'on lui avait conseillé de se faire faire un *check-up*. Ce n'était pas un grand événement, rien qu'une deuxième petite coïncidence qui attirait mon attention. Mais à partir de là, je me suis mis à accorder plus d'importance à toute cette histoire. Je ne vais pas vous expliquer en détail comment j'en suis arrivé à être certain de tenir la vérité. Seulement ceci : n'importe qui peut confier beaucoup de choses à son médecin, surtout quand il s'agit d'un neurologue. J'insiste là-dessus. Ma femme est jeune, en pleine santé. Elle a besoin de connaître une vie affective intense, et sur ce plan-là je ne prends sûrement pas assez soin d'elle. En fait, sa vie est un peu monotone. Cette histoire n'est pas sans fondement. Que je le veuille ou non, il a bien fallu que je commence à croire que ce détestable Cabestan avait réellement découvert quelque chose.

» Je ne pense pas que la passion ait un rôle à jouer là-dedans, encore que je ne sois sans doute pas très bon juge en la matière. Je peux comprendre qu'on puisse commettre, sous l'emprise de la passion, des actes dont on se serait cru incapable. Or, à ce que j'ai compris, Cabestan n'a été victime d'aucune brutalité. Il n'a même pas été assommé. Bien sûr, vous n'êtes pas obligé de partager mon point de vue, qui n'a rien de probant. Pour ma part, je suis certain que cet homme a été tué. De quelle façon ? De celle que peut choisir un médecin parmi d'autres, quand il ne veut pas que les rapports qu'il entretient avec sa cliente, ma femme, aient une chance de s'ébruiter.

» Et, s'il en est ainsi, vous allez me demander pourquoi j'interviens, alors que mon intérêt est évidemment de garder le silence. Ça n'a pas été facile. J'ai choisi de ne pas tenir compte des faits et gestes de ma femme. Je ne la crois pas coupable ni même complice de ce meurtre. Je sais pourtant quelles conséquences cela pourrait avoir, au cas où la moindre complicité serait établie. Mais je ne m'en sens pas moins obligé de parler. Voyez-vous, dans la position qui est la mienne, dans la fonction que je remplis, avec tous ses prolongements dans le domaine public — vous pensez bien que je suis fréquemment appelé à avoir une influence sur des affaires municipales, voire sur des affaires d'État — j'ai souvent à décider de laisser ou non s'accomplir la malhonnêteté, ou même la corruption. Il m'est souvent arrivé de fermer les yeux, tout en me disant que je contribuais à donner aux gens ce dont ils avaient besoin, même si quelques filous s'enrichissaient au passage... Les banquiers, monsieur Van der Valk, ne peuvent pas s'embarrasser de trop de scrupules de ce genre. Mais ils ne peuvent pas non plus, dans la même foulée, garder un silence coupable quand il s'agit d'un crime. En tant que représentant assermenté de la loi, vous devez le comprendre. Et je pourrais ajouter que les médecins aussi ont leurs secrets professionnels.

— Ce n'est pas vraiment fait pour nous faciliter la tâche, à aucun de nous, dit brusquement Van der Valk. (Soudain, il ne pouvait plus tenir : il ouvrit la portière et retrouva l'air libre avec soulagement.) Monsieur Merckel, vous m'avez dit que vous aviez longuement pensé à tout ça, ajouta-t-il plus calmement. Avant de pouvoir dire ce que l'on peut faire, ou ce qu'il faudrait faire, j'ai besoin d'y penser sérieusement moi-même. Dites-moi seulement où je pourrai vous joindre.

Il se retrouva debout au milieu du trottoir, avec les passants qui le bousculaient. Sans raison précise, il s'engagea au hasard dans le New Side Voorburgwal, perdu dans ses pensées. Il eut un profond soupir, comme s'il venait juste d'avaler un grand demi bien frais en plein désert. Une bonne femme débraillée qui rentrait sa poubelle en resta comme deux ronds de flan en le reconnaissant.

— Alors quoi, mon joli ? Amoureux ? dit-elle en s'esclaffant grassement.

Il n'eut même pas le courage de lui lancer un clin d'œil.

— Ouais, ben ils sont pas bêcheurs, cette année ! s'indigna-t-elle en claquant sa porte sur sa poubelle.

II

Décidément, puisque l'affaire des magazines pornos était une vétille, il passa la plus grande partie de la journée à rassembler tout ce qu'il pouvait sur la mort dudit Cabestan, en même temps qu'il tentait de se renseigner sur M. Carl Merckel, président-directeur général de la banque d'affaires Lutz Brothers, et sur le docteur Hubert Van der Post, neurologue spécialisé dans les traitements électriques par ondes courtes. La récolte était maigre. Le jeune médecin de quartier qui, sans être médecin légiste, collaborait souvent avec la police, avait signé un acte de décès indiquant que la mort avait eu lieu par arrêt du cœur, et avait griffonné quelques explications selon lui évidentes. Cabestan était un buveur chronique, sinon un alcoolique au sens clinique du terme. De plus, il avait eu des ennuis pulmonaires. Il habitait un troisième étage sans ascenseur, l'escalier était particulièrement raide, et il devait lui arriver d'y transporter des objets très lourds, par exemple une bouteille de

Butagaz. L'insuffisance de souffle, suggéra le jeune médecin au téléphone, un appareil circulatoire et respiratoire délabré par l'abus d'alcool, et là-dessus un effort brutal... non, ce décès n'avait rien de surprenant ni même d'anormal. Il était mort depuis au moins trente-six heures quand on l'avait trouvé chez lui, par terre, tout habillé. Quelqu'un de sa connaissance s'était étonné de ne le rencontrer nulle part, s'était inquiété de frapper en vain à sa porte, et avait finalement averti le propriétaire de la maison, le docteur Van der Post...

Non, pas le docteur, qui était retenu auprès de ses patients. C'était sa secrétaire, disait le bref rapport de police, qui avait produit un double des clés (détenu en cas d'incendie, car le logement du grenier avait une entrée indépendante). En le remettant à l'agent, elle avait précisé que les deux occupants de la maison n'avaient rien à voir ensemble, qu'elle connaissait à peine Cabestan, vu qu'il payait régulièrement son loyer, ne faisait jamais d'histoires, et vivait déjà là du temps de l'ancien propriétaire. Interrogé rapidement à l'heure du déjeuner, le docteur Post s'était montré courtois et attentif, avait confirmé qu'il ne savait à peu près rien dc son locataire, et suggéré de s'adresser à la banque où s'effectuait le paiement du loyer.

La banque non plus n'avait pas grand-chose à dire. Cabestan y était client depuis trente ans. Il avait fait fortune à son heure, mais avait renoué depuis dix ans avec la vache enragée. Oui, les versements étaient remarquablement irréguliers, et il n'en avait jamais été autrement : c'était normal pour un artiste. Au moment de sa mort, son compte était presque à sec. Il avait un frère cadet en province, entrepreneur de village, qui n'avait pas entendu parler de lui depuis vingt ans : ni leurs pas ni leurs intérêts ne s'étaient jamais croisés. Point, à la ligne.

Quant au banquier et au médecin, pas l'ombre d'un scandale. On pouvait en savoir tant qu'on voulait sur leur vie sociale, et rien sur leur vie privée. Le médecin était marié, sans enfant (premier mariage, pour lui comme pour sa femme). Diplômé de la Faculté d'Amsterdam et de celle d'Edimbourg. Nombreux articles et études publiés. Aucune attache avec aucun groupe de recherche, pas de consultation hospitalière, clientèle privée exclusivement. Assez peu orthodoxe dans ses méthodes. Relations sociales étendues avec sa clientèle. Considéré comme très capable et très perspicace.

Le banquier aussi était marié sans enfant (second mariage, des deux côtés). Première femme israélite, décédée au Canada pendant la guerre. Remarié à la séduisante et distinguée jeune veuve d'un directeur de journal provincial exécuté par les Allemands en quarante-quatre pour cause de résistance. La jeune femme de vingt-deux ans était restée seule avec une petite fille. Elle avait rencontré son deuxième mari à trente ans, en travaillant pour une banque. Le couple n'avait jamais montré le plus petit signe de malaise.

Van der Valk, à qui tout cela plaisait de moins en moins, fut désagréable avec tout le monde, et même avec sa femme, le soir, à propos du dîner. Sans aucune raison : il y avait des spaghetti, et d'habitude il aimait aussi les spaghetti.

La météo avait annoncé une longue période de plein été. Les nuages avaient craqué et disparu.

C'était une soirée idéale, chaude et claire. Arlette scruta son mari et constata avec résignation qu'il n'y avait rien à espérer pour la vaisselle. Les deux garçons, qui avaient traîné dehors depuis la sortie du lycée, essayèrent de filer à nouveau, et elle dut leur faire la guerre pour les envoyer travailler dans leur chambre. Les beaux soirs d'été ne sont pas tellement réjouissants, quand on vit dans un monde où il faut faire ses devoirs. C'est encore plus lourd sur l'estomac.

Normalement, Van der Valk se serait contenté de leur dire sèchement d'arrêter leurs simagrées. Il ignora purement et simplement la bataille. Il était ailleurs. Après avoir poussé deux pots de fleurs dans un coin et allumé un cigare, il s'installa sur le bord de la fenêtre pour contempler ce qui se passait en bas. On réfléchissait beaucoup mieux en regardant passer les voitures, les gens, les vélos. C'était comme si la pensée avait besoin de garder une sorte de contact avec la rue pour prendre une certaine ampleur.

Il repéra une chouette petite voiture allemande flambant neuve, d'une couleur exécrable. C'était une couleur à étudier à fond. Il arriva à la conclusion que c'était exactement celle du velouté de tomate en conserves qu'on mange dans les mauvais restaurants et chez les mal mariés. « Voilà une petite voiture, pensa-t-il, qui est produite en grande série, avec un choix limité de couleurs. Les Allemands n'ont donc aucun goût. Sinon, ils s'arrangeraient pour ne pas voir circuler celle-ci en un trop grand nombre d'exemplaires. » Il fut écœuré en voyant, par une de ces coïncidences qui vous prennent automatiquement en flagrant délit d'incompétence et de fatuité, une célèbre voiture française, beaucoup plus grosse et beaucoup plus chère, descendre majestueusement la rue un instant plus tard, tout droit sortie de la même cuvée de potage.

En gros, il y avait deux problèmes ; il fallait trouver une tactique valable pour l'un et l'autre. Premier problème : aucun policier normalement constitué n'envisagerait sérieusement de se fourrer dans un pareil guêpier. Il y avait trop d'orteils officiels à éviter, et ce sont les plus sensibles... Pas la plus maigre chance de mettre à jour une parcelle de vérité. Quant au deuxième problème, c'était à peu près le même : aucun policier normalement constitué ne se lancerait dans une enquête après avoir été changé en marionnette par le grand virtuose Merckel. Ne touchez pas à ma femme ni à ma famille. Ne me touchez pas, moi. Sinon, écoutez, vous n'avez qu'à vous rappeler un peu le nom de mes amis, d'accord ? Non pas que cet homme fût malhonnête. Mais il avait une mentalité tellement tortueuse qu'il aurait pu faire ouvrir une enquête — qu'il aurait pu ? qu'il pouvait, oui ! — pour la simple et bonne raison que ses narines morales avaient fleuré un relent plus ou moins criminel dans un courant d'air. Il pouvait toujours déclarer noblement qu'une éventuelle implication de sa femme n'influencerait en rien sa conscience. Mais au cas où l'enquête glisserait vers les parages de sa vie privée, haro sur l'enquêteur. Pour une telle mentalité, les deux états d'esprit étaient compatibles. Dans les deux cas, la morale était sauve.

Même si Van der Valk se lançait dans une enquête officielle, même si M. Samson lui en donnait l'autorisation — ce qui ne risquait pas de se produire — un seul petit faux pas, et la tête qui tomberait serait la sienne, à lui, Van der Valk. Il les voyait d'ici, le médecin et le banquier, chacun avec sa hachette.

Voyons voir. Imaginons, imaginons seulement... qu'il ne fasse aucune espèce d'enquête officielle et qu'il opère absolument seul, c'est-à-dire sans soutien officiel, sans moyens, sans assistance mais aussi en totale contradiction avec tous les règlements de la police. Et voici Van der Valk, dans le rôle si romanesque, si grisant, parfaitement ridicule, du détective privé. Ça va, Callaghan ?

C'était une bonne idée bien grotesque, imputable à la fameuse imagination délirante qui constituait, aux dires de ses divers supérieurs hiérarchiques, son pire ennemi. Bien tentante, aussi, du point de vue purement tactique. Il lui faudrait sans doute se conduire de façon un peu douteuse, au cas où il dénicherait quelque chose de vaseux, et Samson ne devrait rien en savoir, d'aucune façon et à aucun moment. Parce que s'il surprenait l'un de ses subordonnés à faire quelque chose de douteux, il serait obligé de sacrifier le pauvre type.

Merckel ne pourrait pas porter plainte, puisque cela ne manquerait pas de provoquer une action officielle. Merckel avait demandé à rester anonyme ? Très bien. Van der Valk nierait tout simplement avoir jamais entendu parler de Merckel, et la plainte serait rejetée. Rien de moins valable qu'une lettre anonyme. Merckel n'avait pas procédé de façon officielle, il ne pourrait pas porter plainte officiellement.

Van der Valk se surprit à vérifier le bien-fondé de sa théorie dans un dialogue imaginaire avec le commissaire Samson.

— *Voilà une foutument compliquée histoire à dormir debout !*

— *Voulez-vous répéter, s'il vous plaît ?* (Van der Valk jouait à merveille son petit bout de rôle.)

— *Et d'abord, pourquoi ce banquier est-il venu s'adresser à nous aussi bizarrement ? S'il n'était pas content, il pouvait très bien appeler un de ses petits copains et lui demander que son nom reste en dehors du coup.*

— *Peut-être qu'il se sent coupable de quelque chose.*

— *Peut-être qu'il a tué ce type lui-même et qu'il se demande si nous nous doutons de quelque chose. Bon, on a essayé de le faire chanter. Il n'est pas prouvé qu'on faisait chanter aussi le docteur. C'est louche, tout ça : il vous explique en détail pourquoi il est sûr que sa femme jouait à des petits jeux avec le docteur, mais il ne vous explique pas du tout pourquoi il est sûr que le docteur a tué Cabestan — quel nom !*

— *Mais si Cabestan avait un moyen de pression sur la femme, il en avait un aussi sur le docteur, automatiquement. Il pouvait leur serrer la vis à tous les deux en même temps.*

— *Supposons que la preuve d'inconduite qu'il détient — quelle phrase ! — ne soit pas concluante (je veux parler de Cabestan). Il se dit qu'un médecin sera plus à même de se défendre, et il s'en tient à la femme, dont le mari occupe une position qui le rend très sensible à ce genre de publicité. Elle, elle dit tout à son mari, elle sait qu'il n'est pas jaloux. Le mari fait son affaire à Cabestan, puis se demande si une autopsie ne va pas démontrer qu'il y a eu meurtre. Alors il vient nous trouver en accusant le docteur, en se disant que, de toute façon, nous apprendrions tout ça de nous-mêmes. Hein ?*

— Il n'y a eu qu'un examen médical superficiel, qui n'a pas fourni un seul foutu indice. Le pauvre type n'était pas en bonne santé. Un arrêt du cœur était la moindre des choses. Je me suis occupé de ça, ce matin.

— Je ne vais tout de même pas ordonner une exhumation sur des cancans. Vous vous êtes renseigné sur ce médecin ?

— Il est connu. Rien de spécial. Neurologue. Clientèle distinguée. Il est très bon pour soigner les abus de somnifères, enfin, ce genre de maladie. Absolument pas marron. Authentiquement diplômé et tout ce qui s'ensuit.

— Je vois. J'espère que vous avez dit à ce Merckel que nous n'étions pas tenus de rien entreprendre à partir de ce genre de discours, même venant d'une huile bourrée de relations ?

— Naturellement. C'est bizarre. Il connaît lui-même le docteur, qui l'a guéri de je ne sais quoi, et il ne ressent aucune animosité contre lui. Il croit sincèrement qu'un meurtre a été commis, voilà tout.

— Il est hors de question d'engager une action officielle. Ce serait trop compliqué. Je ne sais pas si c'est possible, ce ne doit pas l'être, mais peut-être pourriez-vous... chercher à en savoir un peu plus sur le médecin, je veux dire de façon occulte. Évidemment, si je vois venir la moindre protestation, je ne vous connais plus. Vous me suivez ?

— Oui.

— Il est clair que ce Merckel n'a pas dit tout ce qu'il savait.

— C'est bien ce qu'il m'a semblé.

— Le terrain a l'air drôlement glissant, même sans consignes officielles. Il faudrait que vous soyez vraiment très intelligent. Êtes-vous intelligent ?

Ce dialogue imaginaire n'avait aucune chance de se produire en réalité, pensait Van der Valk. Dès qu'il connaîtrait la situation, Samson ordonnerait à Van der Valk, aussi bien qu'à n'importe qui, de laisser tomber. Très énergiquement. Il pouvait se permettre de fermer les yeux sur toutes sortes de bourdes et d'irrégularités, du moment qu'on ne le mettait pas officiellement dans le coup. Il manquait de tout sauf d'expérience, et il savait que des montagnes de règlements et d'horribles formules juridiques à double sens étaient toujours prêtes à s'écrouler sur le dos du malheureux officier de police doué d'un peu d'initiative. Il savait que ses subordonnés étaient souvent obligés d'ébrécher les règlements pour obtenir quelques résultats. En fait, il ne voulait pas le savoir, afin d'être à même de rejeter d'éventuelles sanctions : si les choses tournaient mal, il pouvait défendre son équipe de façon aussi intraitable que déterminée.

Automatiquement, dans ces cas-là, l'inspecteur-chef Kan sortait gravement ses tablettes et se faisait fort de distribuer scrupuleusement les rigueurs de la loi. Mais Kan était loin, en ce moment. Et le vieux ne se souciait pas de vos faits et gestes, du moment que le boulot se faisait. On était assez grand pour mener à bien son affaire comme on l'entendait. Mais si on échouait, si on se faisait prendre, non pas en train de batifoler un peu en dehors du périmètre accordé par le règlement, mais de voler carrément une orange, il vous laissait tomber dans la fosse aux lions.

Un petit jeu infernal, oui !

Pourtant, Van der Valk s'y accrochait, du point de vue tactique. Il pourrait aller faire un brin de causette à ce médecin. En tant que patient, pourquoi pas ? En admettant que l'autre ait quelque chose à se reprocher, cela lui en ficherait un coup de voir arriver quelqu'un qui aurait tout l'air d'un flic, ou alors d'un autre maître chanteur chargé de venger celui qu'il avait fait disparaître. Et s'il n'était pas coupable ? Il faudrait faire marche arrière sur la pointe des pieds pour sortir de l'impasse.

Mais Van der Valk était intimement persuadé que ce médecin-là n'avait pas la conscience tranquille. Merckel avait dû s'arranger pour être singulièrement convaincant, à ce qu'il semblait.

III

D'après Van der Valk, un grand médecin à la mode avait toutes les chances d'être une personne rigide et austère, soucieuse de standing, plantée au milieu d'un luxueux décor parfaitement impersonnel. A première vue, même de l'extérieur, celui-ci n'en semblait pas moins faire preuve d'une certaine personnalité assez plaisante.

Cette maison, par exemple. Une maison un peu vieux jeu dans une rue plutôt démodée, avec de grosses demeures du plus vilain style 1910, datant sans doute des beaux jours du kaiser. Mais cette laideur était tout de suite compensée par les arbres, des tilleuls pleins de feuilles, à qui l'on avait permis de s'épanouir librement — fait exceptionnel pour Amsterdam comme pour toutes les autres villes hollandaises, dont les municipalités souffrent d'une légère névrose de l'ordre et de la propreté qui se transformerait facilement en psychose irréversible à la vue de quelque chose d'aussi sale et désordonné qu'un arbre. Cela s'expliquait sans doute par le fait que le trottoir était particulièrement large, ici, pour Amsterdam, et aussi particulièrement sale, toujours pour Amsterdam, et pour tous les médecins à la mode de n'importe où.

Une grande plaque de cuivre bien astiquée : « H. v. d. Post, neurologue. Seulement sur rendez-vous. » Une autre, juste à côté : « Cette entrée est strictement réservée aux clients du docteur. Dans tout autre cas, s'adresser 14, Wozzeckstraat. »

Tiens, tiens ! Une entrée particulière. Intéressant.

Aux fenêtres, les rideaux donnaient une impression de très confortable aisance. Toute la façade était soigneusement entretenue. Qu'y avait-il pourtant de légèrement bizarre, dans tout ça ? La petite porte supplémentaire du coin, bien sûr, que l'on avait rajoutée là sans souci de l'architecture générale. Sinon, il n'y avait rien à dire. Cabestan avait vécu là-haut, sous le toit.

Bon. Maintenant ou jamais. En tant que policier, il aurait dû se présenter derrière, son chapeau à la main. En tant que patient, il pourrait sans doute pointer au chômage dans huit jours. Callaghan croisa deux doigts derrière son dos, chercha désespérément des yeux un chat noir, et franchit la petite allée de gravier. La porte d'entrée était un de ces antiques monuments travaillés dans la masse ; normalement, ça doit quand même s'ouvrir, mais celle-ci résista à ses efforts. Il sonna, et tout de suite une voix sortit d'un interphone dissimulé derrière une petite grille de fer forgé rococo. Une voix paisible et féminine, d'âge mûr.

— Qui êtes-vous, s'il vous plaît ?

— Je m'appelle Van der Valk, mais vous ne me connaissez pas.

— Désirez-vous consulter le docteur ?

— Oui ! (Que dire de plus à un interphone ?)

— Voulez-vous être assez aimable pour monter l'escalier que vous verrez dans le hall et venir au secrétariat ?

— Merci.

Il y eut un petit bourdonnement et la porte s'ouvrit. Encore une petite plaque, à niveau de regard : « Prière de refermer la porte. » Un portemanteau : Van der Valk y pendit son chapeau ; il pourrait toujours y revenir un peu plus tard pour s'y pendre lui-même. Le hall était meublé de façon tout simplement somptueuse, dans le genre discret. Bon, l'escalier, le palier, des portes, et un grand rideau dans le fond, où devait commencer l'appartement privé. Il entra docilement au secrétariat, petite pièce très propre, égayée de fleurs et de couleurs vives. La femme assise au bureau était mince et légère dans sa petite robe de lainage vert tendre. Ses cheveux étaient légèrement bleutés, et elle portait de ces lunettes à verres octogonaux, sans monture.

— Monsieur Van der Valk ? Je suis Mlle Maas. Asseyez-vous, je vous en prie. Pour quel moment de la journée puis-je vous donner un rendez-vous ?

— Au cas où ce serait possible, j'aimerais voir le docteur aujourd'hui même.

Elle eut un petit sourire très professionnel.

— Normalement, ce serait très difficile. Mais il se trouve que nous avons eu une annulation, ce matin. Je vais vous demander d'attendre une heure et demie, à moins que vous préfériez revenir. Cela vous va-t-il ?

— A merveille.

D'un sourire clair, elle le remercia de ne pas faire le difficile.

— Vous me rappellerez votre nom à l'interphone.

Il avait tout le loisir de faire un tour de reconnaissance dans la Wozzeckstraat. En fait, c'était seulement une sorte de passage pris en sandwich entre les jardins de deux rangées de petits hôtels particuliers, c'est-à-dire entre des murs, des garages, des hangars où d'obscurs petits métiers avaient pris assise. Il y avait un « artisan peintre décorateur », un serrurier, un tapissier rempailleur, un laveur de carreaux, et tout ce monde-là devait bien gagner quatre fois plus d'argent que les distingués propriétaires des lieux. Derrière la maison du médecin, un garage surmonté d'un appartement, sans doute pour le chauffeur qui devait faire aussi office de jardinier, et sa femme celui de concierge, car il y avait une autre plaque de cuivre. Une conduite intérieure Alfa Romeo rouge cerise stationnait dans le passage, ornée du caducée des médecins. C'était la voiture de quelqu'un qui ne manquait pas de caractère. Et pourtant... Van der Valk poursuivit son chemin jusqu'au bord du canal et s'y arrêta, rêveur, en faisant cliqueter des pièces de monnaie dans sa poche.

A son retour, la secrétaire avait enfilé une espèce de blouse orange. Il donna son adresse personnelle. Profession : homme d'affaires.

— Êtes-vous envoyé par un autre médecin ? lui demanda-t-elle gaiement. Non, on dirait bien que vous êtes venu de vous-même. Bénéficiez-vous de la sécurité sociale ? Merci beaucoup. Je vous appellerai sans doute dans cinq minutes.

Voilà. Comme n'importe quel patient ordinaire. On ne lui avait pas dit qu'il s'était trompé de porte d'entrée. Est-ce que le docteur enverrait sa note à la police ? Ouiche ! Il se sentait en pleine forme, avec la chance de son côté. Maintenant qu'il était là, il était sûr qu'on n'allait pas le flanquer à la porte en le tirant par l'oreille. Un interphone tinta au-dessus de lui, suivi de cette voix doucement joyeuse :

— Monsieur Van der Valk, voulez-vous avoir l'amabilité de prendre la porte de gauche, en bas de l'escalier ? Le docteur Van der Post vous attend.

« L'organisation est du tonnerre », pensa-t-il en se levant. Pas de ribambelle de personnes assises sans bouger, en train de s'examiner fixement. Cela devait sûrement se retrouver dans la facture.

IV

Lors de cette première visite, il n'eut pas le temps de s'imprégner, en une seule fois, de tous les éléments de l'atmosphère. Plus tard, certains détails lui revinrent, sur la personne elle-même aussi bien que sur sa toile de fond, et il dut se mettre à l'ouvrage pour les raccorder : la tension d'esprit et l'effronterie dont il avait fallu faire preuve les avaient pour ainsi dire déchiquetés à la scie circulaire. Mener à bien ce genre d'arnaque à l'américaine, d'escroquerie au cynisme, cela n'avait rien eu de facile. En sortant de là il se sentait étourdi de fatigue nerveuse et du trop-plein de ses impressions décousues. La grande circulation de l'avenue, à une centaine de mètres de la maison aux tilleuls, lui faisait cligner des yeux. Il ne savait plus quoi faire. Il était assez tard pour ne plus retourner au bureau où, espérait-il, rien de précis ne l'attendait, à part quelque corvée de paperasses. Et il était encore trop tôt pour rentrer. En plus, il y aurait l'odeur du dîner, l'odeur de la maison, et celle du visage de sa femme quand il l'embrassait, enfin tout ce qui le ferait se sentir chez lui. Cela mettrait tout par terre, tout ce qu'il voulait essayer de reconstruire minutieusement. Ce qu'il lui fallait, c'était une petite occupation sans importance, mais qui serait symbolique de ce qui lui apparaissait en réalité comme un gros travail particulièrement délicat et hasardeux.

Il se dirigea à pas lourds vers un kiosque où il acheta trois chemises de carton. Puis il s'installa soigneusement dans un café pour admirer son acquisition. Il ne se sentait pas du tout alcoolique et il commanda un jus de cassis. Il y avait une chemise verte, d'un vert Nil insipide, et une beige. Il fourra ces deux-là au fond de sa serviette. La grise lui semblait la plus indiquée. Après avoir pris un crayon à bille à la pêche, il dessina trois grandes capitales : C.M.P. Cabestan-Merckel-Post. Comptoir des métaux précieux. Compagnie marocaine papetière.

Il y avait sûrement un lien. Que ce médecin ait tué Cabestan, ce n'était pas impossible. Qu'il ait conté fleurette à la plus sympathique de ses clientes, c'était bien probable. Le fait est, pensa Van der Valk dont la méditation était stimulée par son jus de cassis et ses griffonnages, que le docteur Post savait, ou plutôt imaginait, pourquoi il était venu le voir, même s'il ne le savait pas lui-même. Oh ! Van der Valk pourrait toujours faire semblant de s'étonner de la mort très opportune d'un peintre miteux qui demeurait justement là-haut, dans le grenier, mais il n'y avait pas assez de preuve pour condamner une punaise, et ça, Post le savait. Pourquoi ? Parce qu'il était médecin et avait suivi jadis quelques cours de médecine légale ? Ou bien se fiait-il au cynisme qui le faisait rire de la confondante naïveté et de la stupidité de la police ? Van der Valk n'aurait su le dire. Cette attitude d'indifférence amusée...

S'y était-il pris de la bonne façon ? Il ne voyait pas comment il aurait pu faire autrement. A partir d'une situation fausse, il n'y avait que de fausses situations. Il aurait pu réintégrer promptement son identité officielle et prononcer les formules prévues par la loi, mais le médecin les aurait récusées comme l'aurait fait n'importe quel autre médecin pas trop demeuré. Aucune charge précise ne pouvait être mise en évidence. On aurait pu appeler ça un coup de bluff éhonté.

Peut-être Van der Valk avait-il suivi cet instinct qui faisait de lui un policier redoutable, et parfois même aux yeux de ses supérieurs : l'instinct de considérer avant tout la nature même d'un problème dans la façon d'aborder celui-ci. En fausse position : la triche. D'abord, il avait joué son rôle de patient. Puis il s'était embarqué dans une histoire abracadabrante selon laquelle il était victime d'hallucinations de suspicion dont il fallait discuter en toute confiance avec un médecin, même si par ailleurs son cas présentait des symptômes peu courants. Il voulait qu'on l'examine et qu'on lui donne un diagnostic, voilà !

— Oh ! vous savez, avait dit Post avec son éternel sourire, vous êtes un très bon exemple de ce que les bons ouvrages désignent du nom de délire systématisé. Qu'en pensez-vous ?

Le professionnel consommé. Le mélange exact de sympathie attentive et d'objectivité étudiée. Mais pas trace de la doucereuse loquacité du type qui compte bien vous faire signer les traites.

— Ainsi, selon vos propres dires, vous êtes inspecteur de police. Vous me racontez une histoire qui ne tient pas debout, et vous en avez parfaitement conscience. C'est la moindre des choses que cela vous mette mal à l'aise. Alors vous essayez de justifier votre présence ici, chez moi, par le fait que, d'une part vous me soupçonnez de je ne sais quel crime abominable, et que, d'autre part, il se trouve que je suis médecin : vous croyez que le meilleur moyen de vous défaire de ce malaise consiste à simuler une grande simplicité de cœur pour venir me demander tout bonnement ce que je pense de tout ça, voire à vous assurer de ma coopération avisée. Sommes-nous d'accord ? Ai-je bien compris ?

— Parfaitement. Convenez que ce n'est pas seulement le meilleur moyen, mais le seul. Le malaise que je ressens, là-dessus vous avez parfaitement raison, vient de ceci que les faits, d'après ce que je peux en savoir, ne sont pas à la portée de mon entendement. Puisque vous êtes neurologue, je viens consulter.

Il calqua son propre sourire sur celui de Post.

— Comment puis-je être sûr que vous appartenez réellement à la police ?

Van der Valk lui fit passer sa carte.

— Très impressionnant ! Bien. Je ne vois toujours pas en quoi je puis être utile, sinon en confirmant l'évidence que votre informateur, puisque informateur il y a, à ce que j'ai cru comprendre, nécessite un traitement médical que je suis sans doute incompétent à prescrire. Je pourrais aussi adresser une plainte à l'administration de la police, comme quoi un officier de ses services s'est cru autorisé à me faire perdre mon temps. Un inspecteur, suffisamment qualifié pour savoir qu'il doit se présenter muni de certains mandats officiels.

Le terrain devenait glissant. C'était très désagréable. Van der Valk prit le taureau par les cornes.

— Allez-y, dit-il du même ton enjoué, avec le même éternel sourire, le même détachement amusé. Allez porter plainte, là, tout de suite. Vous savez bien que vous ne le ferez pas. Je vous demande de m'examiner, même pas en tant que malade, puisque vous êtes convaincu que je ne le suis pas. De m'examiner sans passion, avec toute votre compétence. Vous ne pouvez pas me dire que je suis en pleine forme, que je me fais des idées, avant même de m'avoir examiné. Si ? Bien sûr que non ! Je suis inspecteur de police. Au lieu de vous plaindre que je n'aie pas de mandat, dont nous pouvons fort bien nous passer d'ailleurs, dites-vous que j'aurais pu arriver en fanfare, et raconter ma vie à votre secrétaire, et semer à tout vent de bonnes allusions bien scandaleuses. De toute façon, vous pouvez très bien avoir quelque chose à cacher à la police. N'importe quoi, un de ces petits riens que savent exploiter indéfiniment les professionnels, dont je suis.

Le plus accompli des maîtres chanteurs n'aurait pas mieux dit, pensa-t-il. Surtout cette façon de lâcher ça du bout des lèvres, sans avoir l'air d'y toucher...

Longtemps après cette première rencontre avec le docteur Hubert Van der Post, ce fut ce sourire, ces mains aussi, qui demeurèrent présents à l'esprit de Van der Valk. Le sourire était bienveillant, charmant, mais dans le genre olympien. Il n'était pas difficile de s'amuser de tout quand on regardait tout de haut, quand on se sentait vraiment supérieur, quand on ne courait aucun risque d'avoir les mains calleuses, les ongles cassés, les jointures crasseuses, quand des moins que rien suant sang et eau comme Van der Valk n'avaient pas plus de réalité que des personnages de comédie. Peut-être était-ce moins une question d'orgueil que d'inconscience, d'absence totale du sens de l'humilité. Et la pire des choses qui pouvait lui arriver, venant du premier venu, c'était l'humiliation.

Mais il n'y avait pas que cela. Ses vêtements, son bureau, ses meubles. Van der Valk cherchait les bons adjectifs. Délicat, subtil, délicieux, épuré de tout mauvais goût, de toute vulgarité. Viril, certainement. Mais un peu trop parfait, un rien trop exquis. Était-il capable de ressentir la tristesse, le poids des petites misères qui n'arrivaient jamais jusqu'à lui, qui ne venaient jamais le déranger, si peu soit-il, dans son petit monde bien calfeutré ?

V

Samson semblait avoir trouvé une solution au problème Janus le Bigleux, à moins qu'il ait simplement abandonné la partie. Pas moyen de savoir s'il était de bonne ou de mauvaise humeur, pour ne pas changer. Il était en train de lire un magazine pornographique provenant de la part qui lui revenait dans le pillage du fonds de commerce de l'infortuné gentleman dont la voiture était tombée dans le canal. Ça ne devait pas être terrible, car il interrompit sa lecture dès que Van der Valk arriva au rapport.

— Eh bien, comment va votre petite affaire ?

Van der Valk lui raconta comment ils avaient joué aux espions sur le Javakade avec un taxi, et ce que lui avait dit Merckel. Samson commença à faire des grimaces.

— Encore une de ces bonnes consciences bien puritaines, toujours prêtes à se soulager à nos dépens. Ce type a dû faire son affaire à Cabestan, aussi bien, si tant est qu'on lui ait jamais fait son affaire. Hein ?

— Rien ne prouve qu'il ne l'a pas fait. Je peux vous dire que j'étais écœuré.

— Mais pas étonné, j'espère. Vous verrez, quand vous serez là depuis aussi longtemps que moi. Il n'y a pas un de ces types sur dix qui s'appuie sur des faits réels. Ils se sentent empêtrés dans quelque chose d'à peine plus pourri que leur vie ordinaire, et ils tournent et retournent leur truc dans leur tête jusqu'à ce qu'ils soient pleinement convaincus, en tout illogisme, qu'un crime a été commis. J'en ai vu des douzaines comme ça. Ils se précipitent chez nous pour vider leur sac, et ils se sentent tout de suite beaucoup mieux. Ensuite, c'est moi qui dois rouler le sac bien serré pour que ça ne gonfle pas trop leurs poches. Mais ça, ça ne les regarde pas. Ce qui les tracasse, c'est la morale. Rien d'autre. Bon. S'il n'y avait pas tant de morale, il y aurait plus de justice. Un petit journal cochon ? Je vous préviens, c'est mortel !

Samson était de bonne humeur, tout compte fait. Van der Valk se risqua à admettre qu'il avait plus de considération pour Merckel que pour une concierge de faubourg atteinte de mauvaise conscience.

— Vous voulez dire que vous comptez faire quelque chose à propos de ce médecin ? demanda Samson. Mais il n'y a rien à faire. J'ai vu ce rapport médical. Rien ne permet de se lancer dans une action juridique, faute de quoi on ne peut pas bouger. Votre Merckel n'est pas plus utile qu'une allumette ayant déjà servi.

— Oui, mais je l'ai vu, le médecin.

— Et il vous a mis à la porte ?

— Je n'avais pas ma carte à la main. La secrétaire m'a pris pour un malade et m'a laissé entrer sans discuter. Je me suis retrouvé dans le fauteuil.

Le commissaire baissa ses lunettes pour mieux fusiller Van der Valk.

— Écoutez, mon garçon. Si ce médecin se met à faire du scandale, c'est moi qui trinque le premier !

— Il ne fera pas d'histoires, cela risquerait de lui salir les mains. Cela ne lui viendrait même pas à l'idée. Il considère tout ça comme un petit divertissement, à première vue. Mais j'ai eu l'impression qu'il se faisait du souci, en un sens. Comme s'il avait essayé de cacher, de protéger quelque chose.

— Vous pensez qu'il fait joujou avec ses clientes ?

— Il fait joujou avec n'importe quoi, de toute façon.

— Qu'est-ce que vous en savez ?

— J'en sais qu'il a bien fait joujou avec moi, pour ainsi dire. Ça m'a frappé, après coup. Vous comprenez, je suis arrivé là-bas et je lui ai dit que j'avais eu un tuyau non confirmé, et que je venais voir sur place et tout le baratin, et que je prenais sur moi de faire tout ça discrètement, officieusement, pour me couvrir, moi. Bon. Il a avalé le truc, et il a commencé à essayer de tourner ça en plaisanterie. Ça payait. J'étais un bon névropathe, avec un bon délire, et il fallait me soigner. L'idée lui plaisait. A l'heure qu'il est, il est en train de travailler sur la nature de mes hallucinations. Je suis un de ses malades. J'aime ça, je vais pouvoir travailler sur son cas à lui. Il y a quelque chose en lui qui ne tourne pas rond.

Samson posa ses coudes sur la table et présenta à son subordonné un visage de bois parfaitement carré.

— Allez-y, je vous écoute ! lui dit-il d'une voix terrible.

— Donc, j'avais un pied dans la maison, et j'ai pensé que c'était un vrai coup de chance : on ne m'avait pas montré la porte, on ne m'avait pas dit de la boucler. Bon, alors je lui ai dit :

» — Maintenant que je suis votre patient, il va falloir que je revienne pour les autres consultations, peut-être pour un traitement.

» Je croyais qu'il allait me contredire. Il a souri :

» — Pourquoi vos hallucinations ne justifieraient-elles pas l'ouverture d'un dossier ?

» Sa secrétaire avait rempli une de ces fiches en carton, avec mon nom, mon âge, tout le merdier. C'est là que j'ai compris qu'il était inquiet. Il veut garder le contact, il se demande ce que je sais exactement et ce que j'en pense. Il y a sûrement quelque chose.

— Sans doute, accorda le vieil homme.

— Alors, je suis parti, et moi aussi j'ai acheté des morceaux de carton, et j'y ai écrit son foutu nom à la gomme ! conclut Van der Valk non sans se rendre compte qu'il parlait avec un peu trop d'énergie, une énergie proche de la colère.

Ce sacré Samson se retenait de sourire aux anges.

— Dites-moi, mon garçon. Mettez-vous bien ça dans la tête : si ce gars-là joue avec vous, il n'a même pas besoin de déposer une plainte. Je sais ce que vous pensez. Parce que vous n'avez pas fait de démarche officielle, vous pensez qu'il ne peut pas officiellement se plaindre auprès de l'empereur François-Joseph qui trône à l'étage au-dessus. D'accord, mais votre médecin, je le vois d'ici. Il n'a qu'à dire tranquillement un petit mot à une grosse brioche, et à partir de là vos jours parmi nous sont comptés. Il est marié à toute une famille de hauts magistrats : il a des amis partout, et Dieu sait qui dans sa manche. Le ministre de la Justice doit être un de ses clients reconnaissants. Je ne pourrai rien faire pour vous sauver.

C'était un bien long discours. Van der Valk réalisa que si le vieil homme n'avait pas approuvé ce qu'il avait fait, il se serait borné à une espèce de grognement, en mettant les choses au mieux.

— Si on se demandait de quelle façon on va se

faire saquer chaque fois qu'on prend son élan pour sauter un règlement, on serait toujours en retard d'un coup. On n'arriverait jamais à avoir Janus, par exemple.

C'était un peu insolent, comme remarque. Le vieil homme piqua son petit fard.

— Occupez-vous de votre médecin, ne vous en faites pas pour Janus.

Van der Valk n'espérait pas mieux, comme feu vert. Quand il quitta la pièce, Samson lança son magazine dans la corbeille à papier. Mais au dernier moment, Van der Valk le vit se baisser, rouge comme un velouté de tomate, pour le récupérer avant l'arrivée de la femme de ménage. Il aurait pu y penser à temps.

— Comment va Pépère ? demanda un instant plus tard l'inspecteur Scholten, qui partageait le bureau de Van der Valk.

— Ça va, il est en train de lire un journal cochon.

— Tout la matinée, il a été furax. Il disait qu'il avait besoin de Kan. Une minute plus tard, il disait que si Kan avait été là il lui aurait botté les fesses jusqu'à ce qu'il n'ose plus jamais parler d'hémorroïdes.

— Pourquoi ? demanda poliment Van der Valk.

— Kan avait envoyé un rapport de chez lui, disant qu'il avait examiné toutes les possibilités l'une après l'autre et qu'il n'y avait pas moyen de rien retenir contre le mec Janus. Le vieux a failli en devenir chèvre. Dieu merci, je n'ai rien à y voir.

— Ah ! bon, approuva distraitement Van der Valk.

VI

Une semaine plus tard, la chaleur du mois d'août avait pris possession d'Amsterdam. Il faisait un temps splendide. Les matinées étaient claires et lumineuses, les après-midi gavés de soleil. Les trottoirs semblaient tanguer sous trente degrés à l'ombre. Le soir apportait une bienfaisante fraîcheur, mais toutes les nuits le tonnerre grondait et les éclairs craquaient. Parfois, on avait d'énormes gouttes de pluie, et, de toute façon, passé minuit les nuages lourds avaient poursuivi leur chemin, toute trace d'humidité avait disparu, le thermomètre était redescendu à seize, et l'air frais entrait dans les chambres en passant par la fenêtre.

Ce n'était pas une saison très distinguée. Tout le monde était parti en Espagne ou en Italie. Le commissaire Samson avait un chalet dans les îles de la Frise et il n'en reviendrait pas avant trois semaines. Scholten faisait du camping quelque part vers le sud. Kan était revenu en grognant : il ne pourrait pas prendre ses vacances avant septembre. Quant à Van der Valk, il avait déjà pris les siennes en juin. Il avait plu tout le temps, d'ailleurs, mais c'était sans importance. Le frère d'Arlette, spécialiste en béton précontraint, avait été appelé sur un chantier de Toulon et leur avait prêté sa villa sur la Loire (d'ailleurs il avait plu dans le Midi aussi, à la grande satisfaction d'Arlette). Ils avaient tiré leur flemme, sans rien faire que se baigner de temps en temps, ce qui ne risquait pas de les mouiller davantage.

Mais Van der Valk se souciait peu de la chaleur,

au contraire. Les rues désertes non plus ne le déprimaient pas. Vu le temps qu'il faisait, le travail ne pressait pas. Le soleil régnait en maître sur la Hollande, tout le monde rouspétait, transpirait, et passait son temps à courir, aussi peu vêtu que possible, après la moindre bouteille de boisson gazeuse. Mais lui, non. Il avait épousé une fille du Midi et il savait comment se conduire sous la canicule. Sa chemise était boutonnée jusqu'en haut, et d'ailleurs il ne quittait même pas son veston. Au bureau, il buvait tranquillement du thé, non sans profiter du spectacle affligeant d'un inspecteur-chef Kan qui ne savait plus où se mettre et qui ne cessait de s'éventer avec le dernier supplément mensuel de *Ordres et Règlements généraux de la Police*, mortifié d'avoir les bras nus avec sa petite chemisette.

— C'est odieux, râlait-il, c'est parfaitement odieux.

Kan avait toujours soigné son langage. Chaque fois qu'il devait rédiger un procès-verbal il avait un dictionnaire sous le coude gauche, car la juste application de la loi, disait-il, dépendait du choix minutieux des mots. Et la chasse à l'expression exacte constituait son sport favori. Il n'y avait pas si longtemps, il avait trouvé le moyen de placer « apothéose » dans un rapport. Samson avait ôté ses lunettes pour déclarer avec un calme terrifiant :

— Il y a des moments, monsieur l'inspecteur en chef, où je voudrais que vous soyez là-bas, à cent mètres, en train de renouer vos lacets, et que je puisse prendre mon élan.

Mais Kan méprisait Samson. Il faisait partie de la nouvelle école de policiers bardés de diplômes universitaires, et il lui arrivait de dire aux autres inspecteurs que le vieil homme était « dépassé par les méthodes modernes ».

Il faut dire que Kan était un homme efficace, dans sa partie. Van der Valk le prenait volontiers pour un pédant petit salaud, un faiseur de chichis, un pion de carrière, mais on ne pouvait pas nier qu'il connaissait son droit sur le bout du doigt, et aussi, jusqu'à preuve du contraire, les tenants et les aboutissants de la réussite personnelle de tout industriel hollandais. Dès qu'on passait dans le domaine financier, il devenait très dégourdi (et la plupart des affaires criminelles se ramènent à des problèmes financiers, en Hollande). Mais il avait horreur des vulgaires affaires de meurtre, et Samson, qui avait appris son métier dans la rue, ne lui en donnait jamais.

Professionnellement, Kan et Van der Valk avaient donc peu de rapports. Et si Kan avait eu vent des arrière-pensées de son prétendu subordonné quant à la dernière affaire en cours (le dossier C.M.P.), il en aurait fait une attaque. L'imbécile ne comprenait même pas que Van der Valk était en train de puiser largement dans les ressources de son patrimoine cérébral.

— Eh bien, voyez-vous, mon cher, pérorait-il en toute innocence, il se trouve que ce médecin et moi possédons de nombreux amis communs. Je suis en mesure de vous fournir tous les renseignements que vous voudrez... Excellente famille, brillantes études, un grand-père, côté maternel, gouverneur général de la Compagnie des Indes orientales. Des gens très bien. Évidemment, je sais que c'est une époque révolue, mais ça compte, aujourd'hui encore, croyez-moi. Vous seriez surpris, Van der Valk, par tout ce que vous ignorez dans ce domaine, sur ce genre de milieu... Du côté de sa femme, c'est la même chose : un de ses oncles était grand commissaire de la reine dans une province de l'Est, je ne sais plus exactement laquelle, ça va me revenir.

» Son père n'était que magistrat de canton, mais l'un de ses frères vient d'être nommé substitut à Utrecht, et ce n'est qu'un début ! poursuivit-il admirativement. Il y a aussi un cousin avocat à la Cour d'appel, c'est une famille des plus distinguées, vraiment. Mais je pourrais vous dire que c'est plus par son mariage que par lui-même que l'homme est parvenu où il est. C'est un médecin réputé, c'est sûr, mais je me suis laissé dire qu'il y avait quelque chose : il ne manque pas d'intelligence, non, mais de caractère, si vous me comprenez. Il est très brillant, mais un peu léger, un peu bizarre, un peu trop sensible à certaines théories chimériques. J'irais presque jusqu'à dire que les membres les plus éminents de la profession se méfient un peu de lui.

Kan était lancé à fond dans le genre de sujet qui lui faisait plaisir : l'exposé de la carrière et de la réputation, dans les grandes largeurs, d'un personnage de la haute.

— On dit beaucoup de choses, à propos de ce mariage. Elle, c'est une femme splendide, supérieurement intelligente, remarquablement cultivée, qui sait ce qu'on attend d'elle. Bien sûr, il ne faut pas prendre ça à la lettre, mais beaucoup de gens disent qu'elle a fait un mauvais mariage avec un homme d'avenir qui n'a pas tenu toutes ses promesses.

— Merci infiniment, dit Van der Valk, impassible. (Il était très occupé à dessiner sur son bloc d'horribles diablotins cornus, avec des airs vicieux et des queues à pointes.) Vous êtes très aimable.

— Inutile de vous donner de bons conseils, bien sûr, ajouta Kan, généreusement. Mais gardez bien présent à l'esprit que ces gens-là ne sont pas prêts à admettre facilement la déchéance de l'un des leurs, même si cela sert leurs intérêts. Je crois que lui-même n'a pas beaucoup d'amis, je veux dire d'amis intimes. Il est trop distant, on ne sait pas sur quel pied danser et lui non plus, il ne sait pas s'adapter à son entourage. C'est très important, ça.

Il se mit à rouler des pensées moroses, tandis que Van der Valk se disait que, s'il y avait une version moderne des *Conseils à un jeune homme de bonne famille*, Kan serait tout indiqué pour préfacer l'édition hollandaise.

— ... Mais je ne voudrais pas vous donner une vue trop catégorique de la situation : il dispose d'un important réseau de patients fortunés, et sa notoriété, son talent, ne font aucun doute. Cependant, n'oubliez pas qu'il n'appartient pas vraiment au milieu avec lequel il faut compter. Vous avez sûrement en mémoire la désagréable expérience de cette affaire de conduite en état d'ivresse que nous avions eue. Ils se serrent les coudes. Ils ne viennent jamais témoigner franchement à la barre.

— Comme pour Janus, remarqua fielleusement Van der Valk.

— Bon Dieu ! vous avez de ces comparaisons.

— Il n'y a aucune différence.

— Vous avez beaucoup de choses à apprendre, dit Kan en le prenant de haut.

— Vous aussi, lui répondit aimablement Van der Valk. Comme par exemple de ne pas toucher à de la pisse d'âne gazeuse un jour comme celui-ci.

L'inspecteur-chef Kan ouvrit la bouche dès qu'il eut trouvé une réponse convenable, mais Van der Valk avait déjà refermé la porte derrière lui.

VII

Ainsi, en un rien de temps, il s'était retrouvé dans une situation qui ne provoque jamais l'enthousiasme d'aucun policier : la conviction, pour ainsi dire la certitude, qu'un homme est coupable d'une action criminelle, sans la moindre preuve de quoi que ce soit. Van der Valk n'avait pas rédigé de rapport. Il savait que Samson n'y tenait absolument pas. Un tel rapport, aucun juriste n'y aurait regardé deux fois, même si Merckel était venu répéter ce qu'il savait (et personne n'aurait eu l'idée de lui demander de revenir). Van der Valk se donnait raison d'avoir accepté de tenir le banquier en dehors de toute l'affaire. S'il arrivait jamais à un résultat, ce serait en se faisant confiance à lui-même, en n'utilisant que les seules ressources de son propre esprit stratégique.

Et la seule stratégie possible consistait à exploiter l'étrange facilité avec laquelle le docteur Van der Post avait bien voulu relever le défi. Bizarre, bizarre. Cet homme aurait pu si aisément se retrancher derrière son image officielle... Tout ce qu'il disait, tout ce qu'il faisait à un de ses malades demeurait strictement confidentiel, et aucun policier au monde n'avait le droit de glisser un godillot sous son toit sans mandat officiel.

Van der Valk était donc retourné tenter sa

chance. Pour ce qui était de l'effronterie plus ou moins grotesque, il allait falloir mettre le paquet, car si ça ne marchait pas il n'y aurait rien d'autre à faire que rentrer se coucher, tout oublier du docteur Hubert Van der Post, et faire savoir dans six mois à M. Carl Merckel que nous sommes au regret de ne pas pouvoir donner une suite favorable, dans la conjoncture présente, à votre demande de prêt. Après avoir écouté l'inspecteur-chef Kan ainsi que toute autre personne calée en médecine, c'était la plus raisonnable hypothèse.

Il avait téléphoné à la secrétaire pour lui demander un nouveau rendez-vous, pas du tout sûr de lui, puisqu'une rebuffade pure et simple aurait été si facile. N'avait-elle donc pas été prévenue qu'il était un désaxé, un hypocondriaque, ou un maître chanteur ? Elle aurait écouté n'importe quelle explication, puis elle l'aurait poliment éconduit. « J'ai peur que, dans votre cas, le docteur ne puisse rien pour vous. » Tout ça très courtoisement, avec une grande douceur.

Mais non. Elle avait répondu à son petit morceau de baratin en lui fixant un rendez-vous, sans la plus petite réserve. Et c'était presque en invité qu'il était entré de nouveau dans le cabinet de consultation. C'en avait été gênant, pour le coup, gênant, il n'y avait pas d'autre mot. C'était presque comme si le médecin avait tacitement convenu d'avouer. Mais avouer quoi ? Pourquoi ? Par forfanterie ? Par goût du sarcasme, sachant que le policier ne trouverait jamais de preuve ? Il n'y avait aucun motif satisfaisant.

La pièce était vraiment belle. Autrefois, ç'avait dû être le grand salon, du temps du kaiser, du temps qu'on ne faisait pas les choses à moitié. Les grandes fenêtres étaient drapées de velours abricot bien mûr. De nombreux rayons de livres, une ou deux œuvres d'art. Rien de tout ça ne cadrait avec un médecin, même avec un grand spécialiste. Les tilleuls, dehors, dessinaient un luxuriant motif vert pommelé sur l'ivoire des stores vénitiens. Un grand espace restait libéré par le bureau placé en diagonale dans le coin, du côté des fenêtres. Et sur le bureau, de longues mains fines jouaient doucement avec un très simple cendrier carré, en cristal ; on ne pouvait pas dire qu'elles le tripotaient, pas du tout. Un stylographe sur un buvard, et sous le buvard, la fiche de Van der Valk. Le téléphone, le calendrier et d'autres objets de bureau étaient dégagés sur une table roulante de dactylo, de côté.

Quant au siège opposé, c'était un siège confortable : Van der Valk s'y était assis la dernière fois sans en garder le moindre souvenir.

L'homme strict, mince, droit, dans son complet classique de chez le bon faiseur, avait un sourire professionnel, non sans charme, autour de ses yeux et de sa grande bouche mince, comme l'autre fois. Sa main manchetée de shantung désigna le divan.

— Souvent, les gens s'y trouvent bien.

C'était un long divan devant lequel, sur une table basse de forme ovale, on avait mis aujourd'hui un bouquet de lis tigrés dans un vase de cristal des Vosges du même goût simple et sûr que le cendrier. Tout cela plaisait énormément à Van der Valk. La dernière fois il s'était consacré à son adversaire, il n'avait guère eu le loisir d'admirer le décor. De plus, le divan constituait un poste d'observation bien meilleur. Le médecin y avait-il pensé ? Lui accordait-on délibérément la permission de s'asseoir là, plus bas, avec plus de recul, avec une meilleure perspective ?

Mobilier moderne, dans l'ensemble. Là-bas, pourtant, derrière lui, entre deux portes il y avait une console si précieuse, si délicate qu'il s'agissait sûrement de la copie exacte d'une pièce d'ébénisterie commandée par Louis XV, avec l'assentiment de Mme de Pompadour. Cette beauté, cette élégance, pensa immédiatement Van der Valk, devaient répondre à un besoin chez l'homme assis au bureau. L'élégance de cette pièce n'était pas essentiellement féminine, mais les femmes devaient s'y sentir tout de suite chez elle, à l'aise, détendues, prêtes à se laisser aller, à s'épanouir. « Voilà une bonne idée », pensa-t-il tout en échangeant quelques phrases banales.

C'est un homme sûr de lui, pensait-il, un homme résolument calme, qui contrôle mieux que jamais ses gestes et ses expressions. Et pourtant l'anxiété est là, quelque part. Savoir où exactement n'est pas le problème, car il s'agit d'une personnalité trop complexe. Van der Valk haussa les épaules pour chercher à se débarrasser de la désagréable sensation d'être pris dans une toile d'araignée. Il décida brusquement de se lever et de marcher, ce qu'il fit à sa propre surprise, en se demandant quel instinct lui demandait d'obéir sans réserve à une impression de méprise.

Courtois et amusé, Post lui souriait, non sans humour ni sagacité :

— Manifestement, vous n'attendez de moi aucune aide. Mais vous espérez, tout aussi manifestement, vous délivrer à mes dépens de vos angoisses et de vos conflits. Vous vous sentez oppressé. Marchez, si cela peut vous faire du bien.

Van der Valk dut faire appel à toute sa volonté pour ne pas se laisser déséquilibrer par une furieuse vague de colère noire. C'était trop se ficher du monde. Il essaya de s'imaginer à la plage, à mi-corps dans l'eau, au moment où un énorme rouleau va craquer. On s'escrime à rester debout, à bloquer ses pieds dans le sable mouvant et tourbillonnant, en luttant contre le courant du fond. Quand la vague est passée, tout le sable est violemment aspiré sous vos talons, et vous reperdez tout équilibre : vous vous retrouvez glorieusement assis par terre.

— Oui, je marche ! Oui, ça me fait du bien !

« Est-ce quand on fait de la lutte, se demanda-t-il vaguement, qu'on feint de céder afin de rechercher une position de force ? N'est-ce pas plutôt en jouant aux échecs ? Décidément, ma pauvre cervelle ne va pas mieux : je n'ai jamais su comment on faisait pour cesser d'être ridicule. Je n'ai aucun refuge. Il m'a bien eu en se montrant si amical, si aimable, et tellement coopératif. Il m'a bien ouvert sa porte, mais c'était pour me regarder prendre le seau d'eau sur la tête comme une bonne plaisanterie, et tout ce que je trouve à faire c'est rêvasser à une partie d'échecs. Je suis à peu près aussi fort aux échecs qu'un écolier d'intelligence moyenne. »

Son seul avantage, pensa-t-il en examinant une rangée d'ouvrages médicaux qui ne pouvaient lui être d'aucun secours, consistait en une espèce de force vaguement morale. Cet homme s'attendait à une réaction de flic ; il fallait le décevoir.

La porte du fond, il l'avait déjà atteinte quand Post lui fit la remarque qu'il espérait provoquer.

— Je me vois obligé de vous dire, cher ami, que ces portes mènent à mes cabinets d'examen. Je ne vous permets pas d'y aller seul et je ne vous inviterai pas à vous y rendre. Même les inspecteurs de police doivent respecter la propriété privée, à moins de fournir quelque document solennel, document dont vous êtes démuni pour la bonne raison, permettez-moi de vous le rappeler, que vous souffrez d'hallucinations.

Soudain, Van der Valk avait trouvé le bon bout. Il se retourna, tout sourire, les mains dans les poches.

— J'ai quelque chose d'amusant à vous dire.

Ce visage demeurait si impassible, derrière le bureau, qu'il se trouva obligé, l'espace d'une seconde, de concéder un petit battement d'incertitude.

— C'est bizarre, mais je vois les choses d'une manière toute différente. Je crois qu'au moment où je suis entré dans votre cabinet de consultation, nos positions respectives ont été inversées. Le patient, c'est vous ; et moi je suis le médecin. Non que j'aille penser que vous souffrez d'hallucinations. Je crois que vous souffrez d'un mal fort courant, à peu près aussi banal que la fatigue nerveuse. Un mal dont je suis le grand spécialiste. Je veux dire la malhonnêteté. Bien sûr, ça n'a rien à voir avec le fait de proférer des mensonges. Le mensonge fait partie de la personne humaine, et je sais d'expérience que demander à quelqu'un de ne plus mentir revient à lui donner une hache pour qu'il se coupe un orteil. Seul un homme de très grande exception possède assez d'énergie pour s'en tirer sans le mensonge, c'est-à-dire sans une part intégrante de lui-même. Votre mal à vous est plus grave qu'une simple infection.

— Vous avez des images très frappantes, félicitations, murmura le masque.

— Prenons quelqu'un comme vous, intelligent, sensible, hautement averti et cultivé. Qu'est-ce qui pourrait l'amener à commettre un crime ? Je veux dire un crime de violence, un meurtre. Je ne parle pas de petites faiblesses, comme par exemple de coucher avec les femmes des autres. Il faudrait qu'il se trouve blessé en une région ultra-sensible de lui-même, et que ce soit douloureux au point que sa réaction en devienne incontrôlable. Blessé dans son processus de frustration individuelle, c'est-à-dire dans une région bien trop complexe pour nous, pauvres médecins ignorants. La plupart du temps en tout cas.

— Puis-je vous interrompre ?

— Non. Vous ne pouvez pas. Souvenez-vous d'un principe de la profession : laisser l'insensé aller jusqu'au bout, l'entendre avec patience.

— Eh bien, continuons.

Le sourire s'était légèrement estompé, cédant la place à une expression de politesse ennuyée.

— A présent, en tant que médecin, supposez un instant que j'entre ici avec une balle dans l'estomac, et que les centres nerveux soient atteints. Quel traitement envisageriez-vous ?

— La chirurgie, mon pauvre ami. Les charpentiers sont faits pour ça.

— Exactement. Je suis un charpentier, et c'est pour ça que vous me dénigrez. Mais vous l'avez dit : les charpentiers ont leur utilité. Vous devenez raisonnable. Je suis heureux de constater que je n'ai pas sous-estimé votre intelligence. Vous allez rapidement en venir à comprendre que je dois pratiquer une intervention sur vous : il y a dans votre amour-propre une blessure vilainement infectée, qui menace toute votre personne à moins d'un traitement immédiat.

Il y eut un silence. Van der Valk pensa que c'était le silence d'un homme qui rassemble son courage plutôt que ses esprits. Après tout, il avait misé sur l'intelligence et la sensibilité extrêmes de Post.

— Vous commencez à comprendre, continua-t-il en souriant, que ceci, en ce moment, n'est pas du tout votre cabinet de consultation mais le mien. Et puisqu'un examen général est manifestement nécessaire à notre diagnostic, nous allons y procéder, dans le cabinet d'examen.

D'un geste théâtral, il ouvrit la porte dans son dos, se retourna calmement et la franchit. Aucune protestation ne lui parvint du bureau.

— Les documents solennels dont vous parlez si mal à propos, reprit-il en élevant la voix afin de se faire entendre derrière lui, ne sont guère utiles et nécessaires qu'aux imbéciles. En tant que personne intelligente, vous devriez être capable d'en reconnaître une autre quand vous la rencontrez. Très bel équipement électrique. Vous devez être un électricien consommé. Est-ce que je me trompe ?

— Mais non. (Maintenant, la voix de Post était paisiblement ironique.) Mais souvent ces appareils, par ailleurs très efficaces, font grosse impression sur le premier venu. Mais vous devez posséder aussi le même genre de technique... cher collègue.

Van der Valk fut bien obligé de rire.

— Bien dit. Quel joli jardin vous avez. Ah ! et c'est ici que les patients mis en confiance, détendus, coopératifs, viennent s'allonger — fort confortablement — afin que des mains expertes délivrent leur diagnostic. Vous travaillez surtout du bout des doigts, non ? L'antenne invisible...

J'admets que je n'y connais pas grand-chose dans votre spécialité. Avec nous autres, les spécialistes, il en est toujours de même. Que savons-nous, par exemple, des affections pulmonaires ?

— Rien, pratiquement.

— Voilà le malheur. Même en passant toutes nos journées à étudier la littérature moderne, nous ne pourrions pas nous tenir au courant de la science moderne. Sapristi, quelle adorable salle de bains ! J'ai l'impression d'être dégueulasse, rien qu'à la regarder. Encore un soutien psychologique, je suppose, destiné à donner confiance en sa guérison au malade, ou bien usage strictement personnel ? Je vous félicite pour la sûreté de votre goût dans le choix des objets matériels. Vous avez une maison merveilleusement agréable. Eh bien, voilà ! dit-il en réapparaissant brusquement avec un large sourire de satisfaction.

Post était toujours assis. Il fumait une cigarette. Van der Valk se laissa aller dans le fauteuil.

— Je suis un homme honnête, dit-il. Je ne vais pas vous dire que je sais déjà comment traiter exactement votre cas. Mon diagnostic n'est pas complet, je m'en rends bien compte. Mais bien sûr, et comme d'habitude, la guérison dépend du patient lui-même, hum ? Mais puisque vous semblez vouloir faire preuve de bonne volonté, j'ai confiance en votre guérison. Bien, nous sommes tous deux des hommes très occupés, je ne vais pas abuser plus longtemps d'un temps précieux. La prochaine fois que nous nous verrons, j'espère vous retrouver sur la bonne voie, en meilleure forme.

Post ne répondit rien. Il continuait de fumer sa cigarette avec soin, toujours très aimable.

Quand il se retrouva dehors, sur le trottoir, Van der Valk secoua la tête à l'idée du rôle qu'il venait de défendre, si fruste, si commun, si vulgaire, comparé à celui de Post. « Je ferais un malheur comme voyageur de commerce, pensa-t-il, ce serait dans mes cordes. J'inonderais les populations ébahies de jolies bouteilles de n'importe quel guérit-tout. C'est de l'or en bouteille, mesdames et messieurs, seulement dix francs le demi-litre. Van der Valk, le roi du baratin. Achetez maintenant et payez plus tard. » Aucun doute, c'était la bonne méthode avec un personnage aussi peaufiné que le bon docteur Van der Post. Il se sentait fameusement content de sa terrible personnalité.

VIII

Le lendemain matin, au bureau, il se sentait moins gonflé, moins horriblement fier de lui, mais toujours veinard. Ce devait être à cause de ce temps qu'il aimait, qui rendait toute chose légère et lumineuse, qui lui donnait énergie et vivacité, qui le mettait à l'abri de la sombre et brutale dépression qui suivait d'habitude, chez lui, un premier succès dans une enquête. Mais non, c'était plus fort que lui, il ne sentait pas dans la peau d'un sévère policier officiel dominé par une montagne de papiers administratifs, encerclé par la grogne et par la rogne de sinistres clowns du genre de l'inspecteur-chef Kan. Non, pas dans cette lumière qui baignait Amsterdam d'un chatoiement de poussière d'or. L'odeur de feuillages et de fleurs épanouies était trop forte, plus forte que les effluves du canal, plus forte que toute l'encre et tout le papier des bureaux. M. Samson était toujours sur son île, Scholten sous sa tente et cette vacherie de Kan perdu quelque part dans une vaste épidémie de vol à la roulotte. Toutes les voitures semblaient appartenir aux touristes allemands, était-ce pour cela ? Était-ce parce qu'elles regorgeaient d'argent et de passeports, de caméras et de jumelles, ou bien cela était-il dû plus simplement à quelque riche idée générale magistralement fournie par Janus le Bigleux ? Van der Valk n'en savait rien et ne s'en souciait guère. A la place de Kan, pensait-il gaiement, il serait allé à Zandvoort s'allonger sur le sable et regarder les touristes allemands s'amuser avec leurs coûteux jouets de plage, et il aurait pensé avec satisfaction à l'infortunée police de Cologne qui devait être encore plus gravement touchée par l'épidémie. L'été rend fou... Sur le chemin du bureau, Van der Valk avait acheté un plein sac en papier de reines-claudes, dont le jus lui dégoulinait sur le menton, et il se sentait parfaitement heureux. Après s'être lavé la figure il eut envie de se punir et appela M. Carl Merckel sur sa ligne privée.

— J'écoute.

Une voix grise, neutre, réservée, comme s'il ne savait pas qui appelait.

— Van der Valk à l'appareil. Je voudrais vous voir. Avant, pendant, ou après le déjeuner, je vous laisse choisir d'après vos rendez-vous.

— Avez-vous quelque chose de positif à m'apprendre ?

— Oui : j'ai attrapé une petite insolation. Alors ?

— On dirait que je n'ai pas le choix.

La voix était vexée.

— Non.

Celle-ci était suave.

— Je suis libre à déjeuner. Treize heures précises au restaurant chinois qui se trouve en face du Palais de la Musique.

« Bigre ! pensa Van der Valk. Que ne faut-il pas faire pour éviter d'être reconnu ! » Il connaissait l'endroit : un restaurant de tous les jours, qui aurait eu besoin d'un bon coup de peinture mais où la nourriture était bonne. On y rencontrait surtout les musiciens qui travaillaient en face.

— N'importe quoi de sucré et de pourri, avec beaucoup de beignets de crevettes, commanda-t-il au garçon.

— Alors ? dit Merckel, encore vexé.

— Je me suis occupé de ce à quoi vous auriez sans doute préféré que je ne touche pas.

— Que savez-vous de ce que je préfère ?

— Disons que la première impression que j'ai eue, quand nous nous sommes rencontrés, était que vous désiriez éviter toute responsabilité, porter une grave accusation, et tout faire pour minimiser la vérité ou même la simple vraisemblance.

— Je vois que vous ne me connaissez pas. Demandez à vos collègues avertis du monde des affaires si j'ai peur des responsabilités.

— J'admets que si vous n'aviez pas une certaine force d'âme, vous auriez tout bonnement gardé le silence, dit légèrement Van der Valk. Il doit y avoir beaucoup de choses que vous n'aimeriez pas que je sache, de toute évidence.

— Je vous rappelle la distinction que je fais entre le secret professionnel d'un policier et le chantage de la presse à gros tirages.

— Il en va précisément de même pour une de mes dernières connaissances, le docteur Van der Post. Peu lui importe ce que je peux demander, deviner, ou même savoir, tant que cela ne traverse pas les murs de son cabinet de consultation. Si cela se passait à l'extérieur, il serait beaucoup moins tranquille ; mais il sait que je n'ai aucun début de preuve. Quoi qu'il en soit, et si désagréable que je puisse être, il me préfère de loin à la presse.

— Voulez-vous dire que mes suppositions étaient fondées et que vous non plus n'avez aucun moyen de passer à l'action ?

— Il y a du vrai, c'est certain. Il est même possible que tout soit vrai. Ce que vous suggériez pourrait facilement s'avérer d'un bout à l'autre. Cela n'aurait rien d'étonnant. Des choses comme ça, il en arrive tous les jours.

Il parlait tranquillement, la bouche pleine de beignets de crevettes.

Merckel posa sa cuillère à soupe, s'essuya méticuleusement la bouche, et lança un regard froid au policier.

— Je ne voudrais pas être agressif, mais vous me donnez l'impression d'être particulièrement tiède.

— Je suis tiède. Je pourrais me réchauffer si je savais tout ce qui m'a été caché jusqu'ici. Dites-moi, monsieur Merckel, suis-je en possession de toutes les informations que vous êtes à même de me fournir ? Considérons, par exemple, l'hypothèse très vraisemblable selon laquelle votre femme aurait également reçu des menaces de chantage. Elle aurait pu aller voir son médecin, et peut-être insister pour qu'il neutralise le mal à la source.

Il était surprenant de voir Merckel extrêmement choqué, comme si cette pensée ne lui était jamais venue le moins du monde.

— Elle a un très grand sens des valeurs, dit-il vivement. Elle serait venue se confier à moi. Elle sait que, quoi qu'il arrive, je suis de son côté, prêt à l'aider en tout.

— Je n'en doute pas. Mais, dans sa loyauté envers vous, elle pourrait penser que rien de tout cela ne doit vous atteindre. Que votre situation, je dirai même votre intégrité, votre honneur — vous avez un grand sens de l'honneur — ne doivent en aucun cas être salis, mis en question. On peut penser, de toute façon, qu'elle n'aurait pas usé de violents moyens de représailles. Elle aurait pensé qu'il était plus simple et moins dangereux de payer et elle l'aurait fait. Combien aurait-elle pu payer sans que vous vous en rendiez compte ?

— C'est insensé, murmura furieusement Merckel.

— Vous comprenez, il ne suffit pas de me donner rendez-vous dans un endroit où on ne puisse pas vous reconnaître. Il ne vous est même pas venu à l'idée que j'étais aussi connu que vous, dans cette ville, tout au moins dans des milieux différents. Ici, par exemple, où c'est bourré de musiciens, quelqu'un peut très bien me reconnaître, et se demander prudemment ce que je suis en train de trafiquer avec vous et penser qu'il serait bon de savoir qui vous êtes. Il va falloir vous faire à un certain nombre d'idées, y compris celle de l'interrogatoire de votre femme par mes soins.

Merckel lui lança un regard en dessous. Ni furieux, ni désappointé, c'était le regard de quelqu'un qui évalue la situation de la personne qui vient de lui demander un prêt d'argent liquide.

— Eh bien, monsieur Van der Valk, dit-il enfin, je vois que je me tenais loin du compte en vous accusant de tiédeur. Il est clair que vous avez vu le docteur Van der Post et que vous n'êtes pas effrayé outre mesure par l'influence que pourrait avoir celui-ci sur votre carrière personnelle. Les conclusions que vous pouvez avoir tirées de cette visite ne me regardent pas. A présent, je vous demande si vous avez pensé à ce que, moi, je pourrais faire à votre carrière. Ainsi que vous l'avez vous-même remarqué lors de notre première rencontre, je dispose de relations nombreuses dans les plus hautes sphères de la société.

— Et, aujourd'hui, c'est notre deuxième rencontre. Peut-être étiez-vous sûr que nous ne creuserions pas trop loin dans nos recherches, que nous nous contenterions, si possible, d'étayer une bonne accusation légale contre le bon docteur, pour votre entière satisfaction. Et bien sûr, l'idée de suspecter si peu soit-il votre épouse dans une affaire de meurtre — et c'est vous, monsieur Merckel, qui avez dit le mot le premier — ne pourrait décemment pas nous effleurer. Vous avez tiré le mauvais numéro.

Merckel sourit avec condescendance.

— Vous vous faites une fausse idée de moi, comme la plupart des gens, dit-il sèchement. Je suis heureux que vous ne vous laissiez pas intimider : dans le cas contraire vous ne serviriez à rien. Si vous voulez parler à ma femme, allez-y. Vous ne me trouverez pas sur votre chemin. Je vous demande de respecter notre premier accord et de ne pas mentionner mon nom, même à elle.

— Mais pourquoi cela ?

— Parce que cela me regarde.

— Je ferai attention.

Il faisait attention aussi à ne pas soulever de nouvelles exigences.

« Dans ce quartier, aussi bien, il se passe beaucoup de choses que j'ignore, pensa-t-il en s'offrant un petit tour digestif. L'ennui avec la cuisine chinoise, c'est qu'on en mange toujours trop. Au fond, j'aurais préféré que Merckel fasse plus d'objections à l'idée que j'aille interroger sa femme. Il a l'air diablement sûr d'elle... »

Il dut y aller en voiture. Merckel habitait Aerdenhout, de l'autre côté de Haarlem, peut-être le quartier le plus résidentiel de toute la Hollande : d'élégantes rues paisibles bordées d'arbres où ronronnaient d'élégantes et paisibles voitures bordées pour ainsi dire d'or massif. Une vulgaire Volkswagen y faisait autant de potin qu'un parapluie sur le parquet du British Museum. Ces rues, elles s'embranchaient fort aristocratiquement les unes aux autres, au seul rythme saccadé des tondeuses à gazon : c'étaient les mêmes villas toutes plus ou moins laides, avec les mêmes cèdres, les mêmes arroseuses tournantes posées sur les mêmes pelouses luxuriantes, la même tendance à abuser des vitres fumées et des pierres de taille apparentes, le même dédain de la numérotation. Il eut le loisir d'admirer bon nombre de fastueux meubles de jardin répartis sous les cèdres avant d'arriver à la maison qu'il cherchait, et ce fut la classique femme de chambre espagnole qui vint prendre sa carte, au dos de laquelle il avait simplement griffonné : « Je viens de déjeuner avec votre mari. »

Installée dans une de ces balancelles avec baldaquin à franges, Mme Merckel faisait semblant de lire *Ideal Homes* tout en le regardant venir du coin de l'œil. Il s'était attendu à ce qu'elle joue glacialement à la dame, le regard baissé sur ses chaussures à lui (c'étaient des chaussures très chères car les policiers prennent soin de leurs pieds, mais elles avaient besoin d'un bon ressemelage et d'un minimum de cirage). Il fut donc agréablement surpris quand elle se leva rapidement, avec légèreté, pour lui serrer la main.

— Je suis Mme Merckel. Très heureuse de vous connaître. (Il y avait dans sa voix une agréable chaleur qui faisait penser à des reines-claudes bien mûres.) Asseyez-vous, je vous en prie. Puis-je vous offrir un jus d'orange ?

— Volontiers, merci.

Elle lui remplit son verre avec une jarre provençale qui faisait un agréable cliquetis de glaçons et qui avait cette allure primitive qu'il aimait, comme si on l'avait déterrée d'un champ, pleine de fémurs gaulois.

— Une cigarette ? Oh ! j'aime énormément les vôtres ; puis-je vous en demander une ?

Elle lui faisait vraiment bonne impression. Elle ne jouait pas non plus au petit chat. Elle avait des manières simples et déliées.

C'était une femme solide, bien bâtie, sans graisse mais avec toutes les courbes, et avec cette peau fine et nacrée qui va si bien aux cheveux châtain foncé. De bonnes petites dents, une curiosité en Hollande, où les femmes jouissent d'une excellente dentition répartie en deux rangées de pierres tombales astiquées à mort, en marbre blanc. Cela dit, Mme Merckel avait une grande bouche pleine d'humour. Elle aurait dû avoir de grands yeux marron clair, mais ils étaient petits, froncés de petites rides, et d'un bleu intense. Ce visage plaisait à Van der Valk, surtout sans les lunettes noires qu'elle avait ôtées afin de donner libre cours à une espèce d'honnête curiosité.

— Je vais vous sembler trop curieuse, mais déjeuner avec mon mari est un grand événement, et je me demande en quel honneur je m'en trouve concernée.

— C'est bien simple. Je m'appelle Van der Valk, j'appartiens à la Police judiciaire, et le désordre est mon gagne-pain. Quelqu'un a-t-il essayé de vous faire chanter, madame Merckel ?

La bonne vieille technique : une petite plaisanterie et une grosse bombe dans le même paquet. Van der Valk, le tueur au grand sourire.

Il aurait pu jurer que c'était une réaction sincère ; elle était trop spontanée, trop désarmée.

— Excusez-moi... c'est tellement imprévu... vous voulez dire que mon mari pense que... ? Oh !...

Il lui était apparu soudain que, peut-être, elle se demandait surtout comment on pouvait penser que quelqu'un la faisait chanter, et cela lui donna un choc.

— Ne soyez pas si catastrophée, lui dit-il gentiment. (Après le lance-flammes, la crème solaire.) Vous devez savoir si quelqu'un aurait la possibilité de vous faire chanter.

Elle le regarda avec soulagement, désireuse de rester confiante mais trop prudente pour tremper son pied dans l'eau sans savoir si elle était bonne.

— Qu'est-ce que vous a dit mon mari ?

— Rien. C'est moi qui lui ai dit quelque chose. Une petite succession de renseignements me sont parvenus, qui m'ont donné à penser qu'il pouvait y avoir chantage.

Il pensa que ce dialogue avait quelque chose de théâtral. Que venait faire le chantage dans ce jardin d'été ? Le vrai chantage était celui des oiseaux. Il lui semblait tout à fait irréel de se trouver là, dans une balancelle capitonnée posée sur une pelouse, en train de siroter du jus d'orange avec une jolie femme vêtue d'un petit short jaune primevère et d'un petit polo blanc de cent grammes. Cela ne le gênait pas, au fond : il n'y croyait pas.

Elle avait l'air circonspect, mais il y avait chez cette femme quelque chose de transparent qui devait constituer son plus grand charme.

— Avez-vous déjà entendu parler d'un certain Casimir Cabestan ? lui demanda-t-il.

— Jamais. C'est un jongleur de boîte de nuit ?

— Non, un peintre, fort connu à une certaine époque.

— J'ai peur de ne pas y connaître grand-chose, en peinture.

— Madame Merckel, je vais tout vous dire en toute honnêteté, et vous pourrez me dire en toute honnêteté si vous vous y retrouvez et s'il y a des choses que je ne sais pas ou que je n'ai pas comprises.

Elle riait, maintenant. Elle n'avait jamais entendu parler de Capiston, comme Samson l'appelait, et cela lui faisait penser qu'elle n'avait rien à craindre. Manifestement, elle se disait à son grand soulagement que cette histoire ne devait pas la concerner directement.

— Je ferai tout mon possible, dit-elle aimablement.

— Ce Cabestan que votre mari a connu de loin — voici quelques années, il lui avait commandé un portrait — vivait à Amsterdam au dernier étage de la maison d'un certain docteur Hubert Van der Post. Je dis « vivait » parce que, voyez-vous, il est mort.

Elle ne riait plus. Son regard cherchait nerveusement un point d'appui. Finalement elle regarda par terre, comme si elle avait été vraiment très intriguée.

— Je connais le docteur Post, bien sûr. Il m'a soignée. Mais pour ce qui est de...

— Je vais y aller carrément, ne m'en veuillez pas. On suppose que cet individu était persuadé que le docteur et vous étiez un peu trop intimes, tellement persuadé qu'il aurait décidé d'essayer de faire des histoires.

— Vous avez dit ça à mon mari ?

— Oui. Tout ce qui intéresse votre mari, c'est de vous aider, et au besoin de vous protéger. Moi aussi. C'est pourquoi je suis là.

— Est-ce que vous voulez dire que le docteur Van der Post s'est plaint à la police que cet ignoble individu essayait de... de lui extorquer de l'argent avec ses odieux racontars ?

— Non, madame Merckel. Cet homme est mort. C'était peut-être un ignoble individu, mais ce n'est pas prouvé. Il est mort, et quand quelqu'un meurt peu après avoir tenté d'extorquer de l'argent à son prochain, nous nous demandons s'il s'agit ou non d'une pure coïncidence.

— Allez-vous jusqu'à penser que je pourrais avoir tué cet homme ?

— Ne soyez pas si sombre, non, je ne le pense pas. Mais on peut se demander, n'importe qui peut se demander, pas forcément moi, si votre mari, lui, ne l'a pas tué.

— Vous n'y pensez pas ! Vous ne connaissez

pas mon mari, voilà tout ! On ne peut pas imaginer un être plus scrupuleux, plus intègre, même si quelque chose...

— Madame Merckel, tout cela est vrai, n'est-ce pas ? Vous êtes, ou vous avez été, la maîtresse du docteur ?

— Grands dieux, oui !

— Écoutez, c'est très important. Votre mari ainsi que moi-même désirons tenir toute cette histoire en dehors de la presse, du grand public, peut-être même du tribunal où vous pourriez être citée comme témoin assermenté. Il se préoccupe autant de votre réputation que de la sienne propre. Vous pouvez être tout à fait franche avec moi. Si vous essayez de garder pour vous quelque chose que vous savez, vous courez simplement le risque de la voir ressortir d'un autre côté. Mieux vaut me faire confiance à moi, à votre mari, voire à quelques avocats, plutôt qu'à la presse des boulevards. Maintenant, je vous demande si vous êtes sûre de n'avoir eu aucun vent de menaces de chantage, tant sur vous-même que sur votre mari ou sur le docteur ?

— J'en suis sûre. Sincèrement.

— Avez-vous vu le docteur, ces trois dernières semaines ?

— Non.

— Téléphoné ?

— Non. Attendez. Il m'a appelée, mais seulement pour me demander si j'allais bien. Je n'ai pas toujours été bien, c'est vrai, réellement. Pas vraiment malade, mais pas tout à fait bien à cent pour cent. Et il m'est venu en aide. Il m'a appelée il y a à peu près deux ou trois semaines, je ne sais plus exactement. Mais il m'a seulement demandé si je n'avais aucun ennui.

— En ces termes : « aucun ennui » ?

— Je ne pourrais pas en jurer. Il a bien pu dire « aucun trouble », ou « aucune anicroche », mais il n'y avait pas à se tromper sur le sens.

— Ou alors, il voulait vous demander si quelqu'un avait essayé de vous faire chanter.

— Mais ç'aurait été trop tiré par les cheveux. Je... je n'étais au courant de rien. Comment aurais-je pu deviner ? Mon Dieu !...

— Permettez-moi de vous donner un conseil. Ne dites rien à votre mari à moins qu'il ne se confie à vous lui-même, ce que je ne pense pas. Il se conduira exactement comme d'habitude ; faites de même.

— Et si on parle de moi dans le journal ?

— Cela n'arrivera pas. Le docteur Post a beaucoup de clients. Aucun d'entre eux n'aimerait voir son nom se promener dans la nature. Le malheur est que quelqu'un a justement tablé là-dessus. Vous vous entendez bien avec votre mari, n'est-ce pas ?

— Oui, très bien. C'est notre second mariage, vous savez, à tous les deux. Peut-être cela explique-t-il...

Sa voix se perdit dans sa décision de ne rien essayer d'expliquer ou de justifier.

— Aucun de vous deux n'a d'enfant ?

— Mon mari, non. J'ai une fille de mon premier mariage, elle a maintenant seize ans. Elle fait des études d'esthétique au Collège Royal. Elle ne crée aucun obstacle entre nous, si je devine ce que vous pensez. Carl adore Suzanne, ouvertement. Peut-être encore plus du fait qu'il n'a pas eu d'enfant. En fait, je vous le dis franchement, monsieur Van der Valk, parce que je ne veux aucun malentendu, si l'attitude de mon mari vous paraît bizarre, pour moi il n'en est rien. Il m'aime, c'est certain, mais s'il sait se montrer — comment dire ? — indulgent envers certaines de mes faiblesses, il est capable de se dévouer encore plus à Suzanne qu'à moi, voire qu'à lui-même, si soucieux de sa réputation soit-il.

— Merci, madame Merckel. Au cas où je devrais revenir vous voir, ce sera le plus discrètement possible. Et n'oubliez pas ce que j'ai dit : faites comme si de rien n'était.

« Délicieuse », pensa-t-il sur le chemin du retour. Il ne savait pas qu'il en voudrait autant au docteur Van der Post.

IX

Avant de rentrer chez lui il téléphona à une de ses vieilles connaissances, propriétaire d'une petite galerie de tableaux. Charles était un homme heureux, il vendait ou restaurait quelques toiles méticuleusement choisies, toujours en pleine forme, sans jamais se départir d'un grand penchant à se moquer de lui même.

— Allô ! Charles ? Non, ne me dis pas comment tu vas, ce serait trop long. Est-ce que tu es bien avec les artistes modernes ? Allons, allons, tu fais partie de leur cercle, tu vas à leurs cocktails, tu parles couramment l'absurde.

— Leur cercle ? Quel cercle ? Il y en a des douzaines, et il n'est pas dit qu'ils s'entrecoupent. (Au téléphone, la voix de Charles était particulièrement aiguë.) Et il n'y a pas d'artistes modernes. Il y en avait bien quelques-uns dans le temps, mais ils ont eu la bonne idée de ficher le camp à Paris. Ça fait au moins quarante ans. A présent, ils sont terriblement démodés. Ils sont juste capables de lacérer des vieux journaux avec des rayons de bicyclette. Ennuyeux à mourir et absolument invendable. A part ça, nous avons le Pop-Art. Tu veux un petit exposé sur le Pop-Art ?

— Non. Je voudrais un petit exposé sur Casimir Cabestan.

— Ce vieux fumiste arrosé au gin ? Il était parti à Paris, lui aussi, et il a été assez stupide pour en revenir, sous prétexte qu'on ne lui y témoignait pas l'admiration qui lui était due. En fait, il n'a jamais été très doué, sauf pour ce qui est des minettes.

— Comment ça, des minettes ?

— C'est un mystère. Casi a tout à fait l'apparence, de haut en bas, de la révoltante épave qu'il est en réalité. Mais il a une sorte de pouvoir magique auprès des petites gamines de quatorze ans. Il en a toujours deux ou trois à la remorque. Il doit leur sucer les sangs.

— Il devait, tu veux dire. Ça fait presque un mois qu'il est mort.

— Tu aurais dû le dire ! Enfin, je me demande comment il a tenu jusque-là. En tout cas, ça prouve que je n'ai pour ainsi dire aucun contact avec ces cercles, comme tu les appelles.

— Oui, mais puisque tu m'as parlé de ces minettes, ça prouve que tu le voyais quand même de temps en temps. Tu dois savoir où il les trouvait, où il les montrait, je ne sais pas, moi, là où ça se passait.

— Ah !... Oui, une espèce de sordide cabaret borgne, le *New Arts Club*. Ça devait déjà exister au temps où Berthe Morisot était encore une minette. Bon, ça y est, j'ai compris. Tu veux que je t'y amène ? Quand ? Ce soir, si tu veux.

— C'est vraiment atroce, comme endroit, disait Charles quelques heures plus tard, très séduisant dans un complet vert olive, un énorme œillet jaune à la boutonnière. Exactement le genre de Casimir. Ils se prennent tous pour des espèces d'Ezra Pound en plus jeunes et en plus hirsutes. Casimir, lui, se prenait pour un artiste à la Scott Fitzgerald. Je suppose qu'à présent il faut parler de lui en disant pauvre vieux au lieu de vieux dégueulasse. Il faut dire que les pauvres vieux n'ont pas beaucoup d'endroits où se retrouver en famille. Je n'avais pas mis un pied ici depuis un an. A propos, qui es-tu aujourd'hui, si je puis me permettre ?

— Eh bien, je suis M. Petersen, je viens du Danemark en tant que grand amateur d'art.

Ils étaient arrivés devant une entrée crasseuse, dans une rue crasseuse et étroite au milieu des entrepôts. Le *New Arts Club* occupait le sous-sol d'un immeuble rempli à en éclater sous peu, à l'idée de Van der Valk, de vieux journaux et de vieux chiffons ficelés en paquets.

— Ils ne cessent de prier le Ciel qu'il y ait le feu au-dessus et qu'ils puissent filer à Tahiti avec l'argent de l'assurance, dit Charles. Tu comprends, ils en sont encore à l'époque où on filait vraiment à Tahiti. Tiens, mais c'est ce vieux Ben !

Les lumières étaient excessivement tamisées, mais Van der Valk parvenait à distinguer quelques coupes de cheveux excentriques, masculines ou féminines, au choix. A la lueur brumeuse d'une bougie fichée sur le bar minuscule dans l'espèce de volcan graisseux formé par les restes de centaines d'autres bougies, il vit apparaître un homme échevelé de façon très monastique, dans la soixantaine, portant barbiche, de vieux blue-jeans, et des sirènes tatouées sur le dos des mains. Il avait le visage hâlé mais de façon terreuse, un peu comme un pirate de Hollywood qui aurait mal retouché son maquillage.

— Hé ! Ben, comment ça va, vieux ? Je te présente un ami arrivé du Danemark.

— *Okay*, mes bons ! Ça vaut un petit gorgeon, ça !

C'était la voix du racoleur de marine à voile, de l'éternel écornifleur, à la fois précieuse et fausse comme une casserole.

— M. Petersen et moi parlions du bon vieux temps, et il s'est souvenu de Casimir qu'il a connu autrefois à Paris. Nous avons pensé que nous pourrions le trouver ici.

— Oh ! vous n'êtes pas au courant ? Pauvre, pauvre vieux Casi ! Mort ! Oui, mes bons, tout ce qu'il y a de plus mort ! C'est tragique. Il n'y a pas seulement deux semaines de ça. Ah ! Charlie, mon cher, tous les vieux copains s'en vont l'un après l'autre.

— Ben, je ne suis pas un vieux copain, alors ne me mets pas dans le même sac. Parlons plutôt des petites copines. Il avait sûrement quelques jolis petits museaux autour de lui, au dernier moment.

— Non, non. Il était seul chez lui. Arrêt du cœur. C'est le petit Harry Simons qui l'a trouvé après deux ou trois jours où on ne l'avait vu nulle part. Quant aux petits cœurs bien roulés, le dernier que j'aie pu voir était une vraie merveille. Casi l'appelait Sweet Sue. Il ne nous l'amenait pas souvent, le salaud. Il nous l'a bien montrée une ou deux fois, mais ça n'allait pas plus loin. Une petite mijaurée, Charlie, un petit rejeton de cochons pleins aux as, en visite touristique dans les bas-fonds. Le petit Harry doit la connaître, bien sûr, mais lui non plus on ne l'a pas vu depuis quelque temps. Il doit être sur un coup.

Ce n'était pas un mauvais témoin, pensait professionnellement Van der Valk. Ils enregistrent les moindres détails ; il faut juste calculer le pourcentage de méchanceté à soustraire de l'innocent bavardage.

— Je vois, je vois, disait Charles. Quelle malheureuse coïncidence, n'est-ce pas, monsieur Petersen ? Pauvre vieux Casi. Quelle pitié ! Bon, nous allons partir. Salut, vieux Ben, si tu vois l'Art, embrasse-le pour moi.

— Alors ? demanda Charles quand ils eurent réintégré son coupé blanc Renault qui amusait autant Van der Valk que le gros œillet jaune.

— Je voudrais bien en savoir plus long sur ce Harry, et sur Sweet Sue. Je veux trouver quelqu'un qui aurait fréquenté de près le vieux pochard durant ces derniers mois.

— Oui, je comprends. Ou plutôt je ne comprends pas mais ça m'est égal. Bon, je peux te dénicher Harry, mais je ne sais rien de Sweet Sue. Je te préviens, Harry Simons est un méchant petit salaud qui n'a qu'une idée en tête : l'argent. Je ne vois pas pourquoi il aurait pu s'intéresser au vieux Casi, dont la plupart des chefs-d'œuvre se vendent pour le prix de la toile.

— Dis-moi simplement, en deux mots, qui est ce Harry.

— C'est le fils du vieux Simons, qui était un

grand connaisseur et qui avait deux galeries, une ici et une à Paris. Pendant la Résistance, il a été arrêté et transformé en savonnette. Harry était à l'abri en Amérique. Quelques années plus tard, il a fait son apparition avec un grand talent de baratineur. Il savait tout, comme qui dirait. Il n'avait pas l'étoffe pour Paris, mais ici ça a marché. Il est le grand maître à penser de ces dames éprises de Pop-Art, et il est chez lui dans la cave d'où nous sortons. Mais, comme ne l'a pas dit Ben, Harry cultive la vieille dame en manteau de vison, et il s'estime nettement supérieur à tous ces crève-la-faim. Casi, qui était mort depuis beaucoup plus longtemps pour les marchands de tableaux, ne pouvait être d'aucune utilité à son brillant génie. Tu as saisi ?

— Parfaitement. Puisque tu le connais, présente-nous.

— Certainement. Ce n'est pas un ami à moi. Il traîne avec n'importe quel pseudo-intellectuel. Mais je peux lui téléphoner tout de suite, si tu veux.

— D'accord.

— Coup de pot, dit Charles en revenant d'une cabine téléphonique. Il est chez lui, il t'attend. Je t'y emmène, si tu veux. Tu es dingue d'art moderne. Il est accroché, parce qu'il n'arrive pas à comprendre pourquoi je fonce tout d'un coup sur lui alors qu'il sait que j'ai horreur de ses chiures de mouche.

Harry Simons habitait près du jardin public, à deux rues de la plaque de cuivre du docteur Van der Post. Mais cette rue-ci était beaucoup moins plaisante. On y avait coupé les arbres. Des promoteurs inspirés par l'argent des autres et par un modernisme de deux sous en avaient revu et corrigé l'architecture. L'adresse indiquée par Charles consistait en un gros bloc d'appartements pour lapins aisés.

On y montait en ascenseur après avoir cherché le bon numéro parmi des rangées entières de boîtes aux lettres. Le palier était moquetté de mauve et tapissé de jaune-orange (dans l'ascenseur, c'était l'inverse). Van der Valk sonna et la porte s'ouvrit sur un homme de trente ans, un beau gosse très brun, finement bâti en souplesse. Il n'était pas typiquement israélite, il ressemblait plutôt à un joueur de polo sud-américain. De son sweater angora à ses magnifiques bottes de cuir souple façon cow-boy, la couleur café-au-lait présentait différentes nuances. Une chemise de soie bleue complétait l'uniforme des chats siamois. Van der Valk regarda s'il n'avait pas des petites clochettes d'argent autour du cou et fut très déçu.

— Entrez, entrez, je vous en prie. Whisky ?

— Avec plaisir.

A l'intérieur, il y avait encore plus de gourmandes associations de couleurs. Le living-room était revêtu de vieil or cramoisi encore sacralisé par des rideaux blancs et une table basse blanche. A part ça, il n'y avait guère de meubles, et la pièce paraissait très grande. Van der Valk sombra langoureusement dans un divan ultralarge et encore plus bas, étreignit son verre, et admit que M. Simons savait mélanger plaisir et travail : il y avait des tableaux partout.

— Jetez-moi un petit coup d'œil à tout ça, dit négligemment Simons. Ça change très rapidement, bien sûr, mais tant que c'est là c'est à vendre. Mais peut-être êtes-vous plus spécialement fixé sur un nom ?

— Oui, pour ne rien vous cacher. Cabestan. Je me demandais si on pouvait trouver quelques-unes de ses premières œuvres.

Les fins sourcils noirs se froncèrent.

— Je le connaissais de loin, mais je ne m'occupe pas de ses toiles. Mais je croyais, d'après ce que m'a dit M. Van Deijssel...

— Il ne sait pas exactement ce que je recherche. A mon avis, Casimir est très sous-estimé.

Simons considéra la chose en hochant la tête.

— C'est très possible. Mais dites-moi, ce serait même une idée. On devrait pouvoir ressusciter quelques-uns de ses trucs, surtout de ses premières œuvres, vous avez raison. Vous achèteriez tout de suite à un prix très bas. Hein, si nous prenions ça en main. Vous voulez créer un marché, n'est-ce pas ? Je pense pouvoir vous en dénicher quelques-uns. On pourrait commencer avec une série, je ne sais pas, moi, des portraits ?

Van der Valk trouva tout seul la bonne réponse.

— Des jeunes filles.

— Vous voulez dire des nus ?

— Écoutez, monsieur Simons, je n'ai jamais dit que je voulais acheter de la peinture. Je ne voudrais pas poursuivre cette conversation sur de faux prétextes. Je suis inspecteur de police et je me pose certaines questions. Ce qui m'intéresse, au sujet de Cabestan, ce sont les jeunes filles, mais pas sur toiles. Des jeunes filles vivantes. Nues ou habillées, comme vous voulez, ajouta-t-il aimablement.

Harry se donna le temps de s'asseoir et de se servir un whisky. Le flacon, un truc suédois trapu et grumeleux, était très moche. Van der Valk se redressa un peu et considéra le décor. Il tomba immédiatement sur la toile la plus moche de toutes, laide à en tirer la langue.

— Je ne vois pas en quoi je peux vous être utile, dit prudemment Harry. (Prudemment, c'était peu dire. La circonspection ne devait pas le quitter souvent, d'autant moins souvent qu'il y avait moins de piège et que l'adversaire était plus loyal.) Je crois vous avoir dit que je le connaissais. En fait, je le voyais très peu, et je ne sais rien de sa vie.

— Avant de mourir, dit tranquillement Van der Valk, Cabestan a été vu par tout le monde avec une fille. Une fille jeune et jolie, comme toutes celles qu'il avait l'habitude d'accrocher, paraît-il.

— C'est exact. (Un grand sourire très franc.) Ce sacré Casimir devait avoir une méthode, pour tomber les filles !

— Vous la connaissez, celle-là ?

— Mon bon monsieur, je le connaissais à peine lui-même. Alors, la fille... J'ai idée qu'elle étudiait vaguement l'esthétique, si on peut dire. J'ai dû la voir, une fois en passant.

— Je crois que c'est vous qui avez découvert la mort de Cabestan ?

— Oui, c'est moi. (Sincère.) Il se trouve que j'étais à sa recherche : j'avais entendu dire qu'il avait un paquet de dessins de quelques amis parisiens d'autrefois, et je voulais lui en offrir un prix. J'étais étonné qu'il ne réponde pas à mes coups de sonnette, et je me suis finalement adressé en bas, à une sorte de secrétaire qui a téléphoné à la police : c'est elle qui a trouvé le corps, au fait, pas moi. J'y étais, c'est tout.

— Dites-moi le nom de la fille.

— Bon Dieu, je ne le connais pas ! Ou alors je ne m'en souviens pas. On me l'a présentée dans une soirée, je crois bien. Jill, Janet, quelque chose comme ça. J'ai parlé avec elle pendant une ou deux minutes. Vous savez comment ça se passe dans une soirée. Je me souviens d'une fille pas mal du tout, voilà.

— Je vois, dit Van der Valk en jubilant secrètement. J'aimerais bien retrouver cette fille, vous comprenez. J'aimerais que vous fassiez un effort pour vous rappeler qui vous l'a présentée.

Les fins sourcils se froncèrent à nouveau, de façon très séduisante. Tempête sous un crâne.

— Il y avait beaucoup de gens que je connais plus ou moins bien. Je ne peux rien vous affirmer, mais c'était peut-être Mme Van der Post.

Van der Valk essaya de froncer les sourcils en imitant son languide modèle.

— Réellement ? Mme Van der Post ?

— Oui. Je vois que vous la connaissez. C'est une de mes fidèles clientes.

— N'est-elle pas la femme d'un médecin ?

— Je crois que oui. Lui, je ne l'ai jamais rencontré. Je ne le connais pas du tout.

— Est-ce que Cabestan était à cette soirée ?

— Je ne sais plus. Non, il ne devait pas être là. Après tout, je ne suis pas sûr que c'était Mme Van der Post. Je pensais à Casi, vous comprenez, et le fait est qu'il habitait chez elle. J'ai dû faire inconsciemment une association d'idées gratuite. Je me souviens seulement d'avoir bavardé avec elle.

— Qui donnait cette soirée ?

Simons n'avait pas tellement envie de répondre à cette question.

— Un producteur de la télévision que je connais de loin, Arthur de Vries, là-bas, à Blaricum. Mais c'était il y a trois ou quatre mois. Voilà, je ne crois pas pouvoir vous en apprendre davantage.

— Parfait, dit généreusement Van der Valk. (Il était vraiment content. Ce cow-boy artistique ne pouvait pas lui avoir trop menti, car tout pouvait être vérifié. D'ailleurs, ça cadrait avec ce qu'il savait déjà.) Juste une dernière remarque, monsieur Simons. Il se peut que ce soit une bonne idée de créer un marché sur les nus de Casimir, mais c'en serait une mauvaise de racoler les journaux là-dessus pour vous faire un brin de publicité. Il y aurait des retours de manivelle. Si un journaliste vient nous demander pourquoi nous nous intéressons à Casimir, je saurai d'où ça vient. Vous me suivez ? Ce que j'en dis, c'est que beaucoup de gens se retourneraient contre vous. Des gens très capables de vous couler votre petit commerce. C'est bien clair ? Vous vous souviendrez qu'il faut la boucler ?

Le regard charbonneux de Harry Simons avait pris une expression bizarre qui pouvait signifier qu'il avait compris, ou bien qu'il se creusait la tête, mais qu'en tout cas il était profondément écœuré. Van der Valk pensa qu'il ne se risquerait pas à se faire mousser dans les journaux. Quant aux embrouilles, de toute façon, c'était le genre de type qui ne peut pas s'en passer. Et quelles embrouilles espérer à partir de rien d'autre que la petite amie de Casimir, une fille pas mal, sans plus ? « Un rejeton de cochons pleins aux as », avait dit le vieux Ben. Pas de quoi faire peur, pas de quoi faire des cachotteries. Van der Valk rentra chez lui à pied.

C'était une idéale nuit d'été. Partout des groupes de touristes légèrement paf, joyeux, hilares. Lui, il se sentait un peu bizarre, avec une bonne petite envie de créer des ennuis à M. Simons.

A la maison, il dénoua ses chaussures, tortilla ses doigts de pieds, embrassa sa femme, et accapara l'annuaire du téléphone. Blaricum, oui, du côté de Hilversum. Il composa le numéro.

— Est-ce que je peux parler à M. de Vries ?

— Je crois qu'il est parti au studio. Vous pouvez peut-être le joindre là-bas, si c'est professionnel.

— Non, non. C'était personnel.

— Dans ce cas, puis-je prendre un message ? Je suis Mme de Vries. Qui êtes-vous, s'il vous plaît ?

— Oh ! je suis un ami de Harry Simons. Je me trouvais chez lui il y a un instant, et nous avons parlé de votre mari, par hasard.

— Vraiment ? J'ai eu Harry, il y a une minute, je lui ai dit d'appeler au studio.

— Ah ! bien, ce devait être au même sujet.

— Voulez-vous que je vous donne le numéro, M... ? Je n'ai pas entendu votre nom.

— Ne vous en faites pas, madame de Vries, je le joindrai demain matin, merci infiniment.

Il raccrocha et se tourna glorieusement vers sa femme, qui avait froncé les sourcils.

— Qu'est-ce que tu manigances avec cette voix snob ? lui demanda-t-elle.

— Ah ! Je fréquente des intellectuels, je m'initie à l'art moderne, je suis dans le vent. Tu ne le savais pas ?

— Quand c'est toi, c'est terrible ! Charles ne vaut rien, à côté.

— Tu l'as dit ! Cher Charles ! C'est lui qui m'a

mis dans le coup. Tiens, je vais lui téléphoner... Charles ?... Nous avons eu une bonne conversation, avec Harry. Ne t'en fais pas. Je lui ai dit que tu ne savais rien. Mais il y a quelque chose de drôle avec la petite amie de Casimir, tu sais, cette Susie. Harry la connaît, ce qui n'a rien de remarquable ni même d'intéressant. Mais il prétend qu'il ne la connaît pas, et ça, ça l'est plus. Il a même téléphoné à un copain qui sait des choses, pour lui dire d'être discret. Qu'est-ce que tu en penses ?

— Tout ce que je peux dire, c'est qu'il a l'habitude de faire des embrouilles. Les gens aiment mentir à la police.

— Bien sûr. Surtout quand quelqu'un est mort. Alors, ça ne te dit rien ?

— Une Susie ou une autre, qu'est-ce que ça peut bien faire ? Casi en traînait toujours une ou deux derrière lui. La jeunesse oisive habituelle...

— Mais alors pourquoi faire tant de manières à son sujet ?

— Oh ! tu ferais mieux d'aller te mettre au lit, tu penses trop.

Van der Valk raccrocha, très content de lui.

— Ce soir, je suis particulièrement direct et brutal, déclara-t-il à Arlette. Tu veux mc chcrchcr Simons Harry dans l'annuaire ?

— Ce soir, tu es particulièrement décidé à nous faire payer le téléphone. Pourquoi n'appelles-tu pas de ton bureau ? C'est gratuit, au moins.

— Tout ce qu'il y a, c'est que je me sens tout fou. Est-ce qu'il y a du lait, dans cette maison ? Je voudrais un litre de chocolat, tu me le fais ?... Allô ! Monsieur Simons. Inspecteur Van der Valk à l'appareil. Comment ? Pas du tout, la soirée commence à peine. Comment va Arthur ? Très occupé à raser son public, hein ? Bon, je voudrais que vous me disiez le nom de la fille, s'il vous plaît. Mais alors tout de suite. Oui, ce sera tout. Rien d'autre. Cher ami, répétez une seule fois que vous ne la connaissez pas, et demain matin vous trouverez une convocation aux bureaux de la police dans votre courrier, ce sera beaucoup plus embêtant. Non, non. Copain-copain. Je ne veux aucune explication, je n'en ai absolument pas besoin. Wilde ? Merci beaucoup. Dormez bien...

» ... Il n'y a pas de whisky ?

— Sûrement pas !

— Quelle pitié ! J'aurais bien bu un whisky. Bon, encore un petit coup de fil, attends, j'ai écrit le numéro quelque part, voyons-voyons... Allô ? Madame Merckel ? Inspecteur Van der Valk. Je suis navré de vous déranger, je n'ai aucune excuse. Je voulais vous demander un petit renseignement sans importance, cet après-midi, et j'ai stupidement oublié. C'est le nom de votre premier mari. Wilde ? Merci infiniment. Excusez-moi encore de vous avoir dérangée.

X

Arthur de Vries était un de ces rares producteurs de télévision sans barbe. A part ça, lunettes sans monture, séduisant sourire à la ravi-de-vous-connaître, teint pâle et reluisant, doux petits coussins de graisse confortablement répartis sur toute la figure, brioche de prix emballée dans une chemise d'un blanc éclatant, mocassins finement travaillés dans la tresse. Une pointe d'accent new-yorkais, sans doute pour qu'on n'oublie pas qu'il était allé en Amérique.

Il fut tout de suite vachement copain, dès que Van der Valk arriva aux studios de Bussum.

— Venez dans le sanctuaire, on va voir si on peut trouver une tasse de café.

Chez lui, il devait vous servir du Martini avec un shaker. On lui avait recommandé de se montrer très vague au sujet d'un certain Simons. Aussi Van der Valk ne mentionna-t-il personne de ce nom.

— Ah ! oui, je me souviens d'une soirée, c'était pour l'anniversaire de ma femme, vous savez ce que c'est !

— Non, je ne sais pas. Je ne sors presque pas. C'est pour ça que je suis venu, pour que vous m'en parliez.

— Eh bien, vous savez, dans ces soirées, on est envahi peu à peu par des gens qu'on ne tient pas forcément à fréquenter mais à qui on doit quand même un brin d'hospitalité. Vous pouvez avoir une trentaine de personnes que vous connaissez juste assez pour leur dire « Salut-Joe-ça-gaze », et trois ou quatre seulement avec qui vous êtes vraiment lié.

Van der Valk accueillit cette vaseuse justification avec un petit sourire très snob.

— Et dans quelle catégorie rangeriez-vous Mme Van der Post ?

Arthur, qui s'attendait à un autre nom, devint encore plus jovial et plus volubile.

— Voilà, c'est une parfaite illustration de ce que je disais : je la connais, oui, comme tout le monde, pas plus. Tout le monde l'invite parce qu'elle est excessivement sociable. Intelligente, brillante, jolie, équilibrée, une femme délicieuse. Elle est au courant de tout, elle n'a pas besoin de s'exciter pour n'importe quoi. Elle s'y connaît dans tous les trucs dont on parle la plupart du temps. Vous comprenez, elle est vraiment *with-it*[1].

Tout ça avec une chaleureuse bienveillance. Les éloges volaient haut, cette année. Van der Valk décida qu'il fallait s'inspirer de cette prodigieuse bonne femme. Sois à l'aise, sois engageant, sois désarmant. Sois *with-it*, si tu peux.

— Maintenant, dit-il de façon positivement charmante, supposons qu'elle ait un rôle dans une pièce, un rôle clé, et que vous vouliez m'en donner un aperçu. Comme si vous espériez que je finance la production ou quelque chose. Vous voudriez être très, très convaincant. Comment la présenteriez-vous ? Le personnage, le style, l'allure.

Arthur rayonnait encore plus. Cela lui plaisait bien.

— On dirait un petit jeu dans une soirée. Bon. Comment dire ? Elle est très bien habillée, très chic, vous savez, elle a toujours des gants, et juste ce qu'il faut de bijoux, et elle a toujours l'air de sortir de chez le coiffeur. Elle doit avoir dans les quarante ans mais elle fait plus jeune, disons trente-cinq. Elle est très mince, très svelte, elle sait marcher, elle a une jolie voix. Cheveux blonds magnifiques, un peu métalliques mais pas décolorés. Des yeux bleus un peu ronds, de belles dents. Très élégante, très équilibrée.

» Voyons : elle est calme, d'humeur égale, elle donne une impression de sûreté, de jugement

1. *With-it :* littéralement, *avec ça* (avec ce qu'il faut avoir pour être dans le vent).

contrôlé, on pourrait dire de sérénité. Elle ne fume pas, elle ne boit pas. Je ne voudrais pas que vous pensiez qu'elle est froide, qu'elle manque de vitalité. Béa est un être d'exception. Moi, je l'adore. On peut lui parler de ses problèmes, on sent qu'on peut se confier à elle.

Avec sa cigarette, Arthur dessina dans l'air une arabesque pleine de confiance. Il était captivé par son petit jeu de soirée mondaine, et il y allait avec enthousiasme.

— Rien d'une allumeuse, je veux dire qu'elle est bien balancée mais qu'au premier abord on ne s'en rend pas vraiment compte. Avec Béa, on ne se met pas tout de suite à essayer de la peloter, et il ne vous viendrait pas à l'idée de lui proposer la botte après deux ou trois whiskies. Vous commencez par écouter ce qu'elle dit. Elle le mérite. Et puis elle est très sensible à toutes les atmosphères. Je veux dire que si on discute d'une pièce ou de quelque chose, on peut lui demander : « Qu'est-ce que tu penses de la petite scène dans la voiture ? » et elle répond : « Trop rapide » ou « Trop lent », et on se rend compte immédiatement qu'elle a foutument raison. Dites-moi, inspecteur, quand il s'agit de parler, je suis là, hein ? Pauvre Arthur ! On ne peut plus l'arrêter une fois qu'on a déclenché le bastringue. Alors ? Je m'en suis bien tiré ? J'ai fait un bon score ? J'ai gagné combien de parties gratuites ?

— Pas mal du tout, dit joyeusement Van der Valk. On est tranquille pour un bon moment.

— Ah ! Vous parlez couramment, vous aussi ! Je peux quitter le jeu maintenant ? Pendant ce temps, le boulot a dû monter.

— Allez-y dare-dare ! Le jeu ne sert qu'à nous faire prendre conscience d'autre chose.

— Absolument, absolument ! approuva énergiquement Arthur, qui se félicitait d'avoir si bien évité de parler de Harry Simons.

En rentrant sur Amsterdam, Van der Valk pensait que tout ça était bien trop cohérent, trop parfait. Chaque personnage se reliait merveilleusement bien au suivant, en de jolies petites arabesques propres à réjouir le cœur d'imbéciles du genre d'Arthur. Six personnages en quête d'auteur.

Le médecin a une maîtresse, la maîtresse a une fille, la fille connaît le peintre, le peintre connaît probablement la femme du médecin, le peintre fait chanter le médecin. Quelque part sur cette roue, il y a une dent cassée.

Le peintre connaît le gigolo. Le peintre connaît la fille de la maîtresse du médecin. Le gigolo aussi connaît la fille. Est-ce que le peintre connaît la maîtresse du médecin par l'entremise de la fille ? Est-ce que le gigolo... *(idem)* ? Est-ce que le gigolo connaît la femme du médecin ? Est-ce que le gigolo est au courant des petits projets du peintre ? Est-ce que le gigolo a lui aussi des petits projets ?

C'est exactement comme une machine à sous : on peut s'y atteler toute la sainte journée sans jamais sortir le *jackpot*. Ce qu'il faut, c'est essayer encore une fois.

Le peintre fait chanter le banquier. La femme du banquier couche avec le médecin. La fille du banquier connaît le gigolo. Le gigolo connaît la femme du médecin. Zéro.

Le médecin peut avoir descendu le peintre. Ou bien il peut savoir qui a descendu le peintre et garder un silence complice. Qui a descendu le peintre ? C'est facile. Suffit de demander à la machine à sous.

Le médecin est inquiet, aucun doute. Pas très inquiet. Pas inquiet du tout, si ça se trouve. Inquiet n'est pas le bon mot. Et pourquoi le médecin ne serait-il pas assez inquiet ? Peut-être manque-t-il de réels motifs d'inquiétude, à part le scandale. Il n'a pas vraiment peur du scandale. Il y aurait trop de notabilités compromises. Tous ses notables patients, toute la notable famille de sa femme, tous les super-notables hors catégorie qui tournent autour du banquier.

Le gigolo sait-il quelque chose de ce chantage, ou a-t-il deviné quelque chose ?

Une chose est sûre : on joue une pièce qui ne respecte pas la règle des trois unités. Ce n'est pas fait pour avantager Van der Valk, bien au contraire.

Le coucher du soleil lui donnait envie de dormir et il bâillait comme un sourd en descendant de voiture, au parking de la police. Un inspecteur-chef Kan dans tous ses états allait se charger de le réveiller à fond. Malheur ! Un important personnage s'était fait voler sa Buick, un truc long comme un autobus, ici même, dans le parking de la police, alors que le type se trouvait justement dans un bureau en train de porter plainte en termes particulièrement violents au sujet des bijoux qu'on lui avait soulevés dans sa chambre d'hôtel. Kan se faisait un sang d'encre pour la voiture, avec des airs d'en savoir long. Quant à Van der Valk, il était prié de bien vouloir retrouver les bijoux disparus, vu que ce personnage était vraiment important, que le consul de Suisse avait déjà appelé, et que l'ambassadeur de Suisse était en train de faire le numéro.

Van der Valk poussa un profond soupir et se mit

péniblement en marche. Sa pièce allait devoir faire relâche pendant quelque temps ; peut-être pendant plusieurs semaines.

XI

Samson était de retour, scandaleusement bronzé. Les papiers semblaient sentir l'eau de mer et l'écaille de poisson. Le vieil homme avait toujours eu horreur du papier, surtout quand il s'agissait de rapports par écrit. Il disait souvent qu'il en avait trop rédigé lui-même pour ignorer toutes les feintes qu'on pouvait y balancer. « Rapport verbal, s'il vous plaît ! » Les petits péchés administratifs ne le troublaient guère. Mais il savait vous faire subir un contre-interrogatoire à travers lequel on n'avait aucune chance de faire passer le genre de négligences ou de stupidités catégoriques facilement dissimulées par les belles phrases bien bureaucratiques dont tous les magistrats faisaient leur bonheur et dont Samson lui-même ne pouvait pas endiguer les flots. Van der Valk en avait fait la preuve, une fois, en travaillant pendant toute une semaine avec un stop-chronomètre sur son bureau et en alignant méticuleusement des colonnes de chiffres au dos d'un mémorandum sur les abus de stationnements officiels : on passait cinquante-huit pour cent de son temps à rédiger des rapports.

— Eh bien, lui dit Samson entre deux sinistres ricanements à propos des bijoux et de la Buick, pourtant retrouvés, qu'est devenue votre histoire de médecin ?

Van der Valk dut rassembler ses esprits. Tous ces jours-ci, il n'y avait pratiquement pas pensé. C'était un peu comme un passe-temps de vacances, quelque chose à faire quand il y avait du mou dans le travail. Des mots croisés ? Non, pas comme ça. La mentalité cruciverbiste, adoptée par nombre de collègues qui se vantaient de rester toujours « objectifs », constituait une tentation fatale. Non, plutôt une pièce d'amateurs. Ça ne valait pas mieux. C'était peut-être pire.

— Je crois que nous ne pouvons vraiment pas y faire grand-chose. On tombe tout de suite sur un nids de frelons. J'avais fait un petit bout de chemin au bluff, mais je ne veux pas aller plus loin.

Un très léger sourire se baladait sous le nez de Samson. Van der Valk... le plus beau parleur du régiment.

— J'ai eu deux conversations avec le médecin. Il est très tendu, je ne sais pas si c'est moi qui le rends nerveux. Il pourrait avoir supprimé le peintre, bien sûr, et être d'autant plus embêté de me voir trifouiller dans une histoire dont tous les personnages s'imbriquent de façon charmante. Il semble que le peintre ait fréquenté la fille de la femme de notre banquier — la fille qu'elle a de son premier mariage — la femme du banquier, c'est-à-dire la maîtresse du médecin. Le peintre a connu cette fille à l'intérieur d'un cercle où la femme du médecin est des plus connues. Il faut également signaler une espèce de froid entre le médecin et sa femme. Tout un pastis.

— Vous n'êtes pas très clair.

— Je ne vous le fais pas dire.

— Vous ne pensez pas qu'on ait fait chanter aussi la femme du médecin ?

— Non, mais tout est possible. Dans ce paquet, nous avons un joker : une espèce de play-boy marchand de tableaux qui connaissait le peintre. C'est même lui qui a trouvé le cadavre. Il a une histoire pour se couvrir, ni bonne, ni mauvaise. Ce play-boy connaît la femme du médecin, qui brille au firmament de tout ce milieu artistico-intellectuel, et il connaissait aussi la petite amie du peintre, la fille de l'autre femme. Il a essayé de glisser là-dessus. Je ne peux pas le sentir, mais je n'ai rien trouvé contre lui non plus.

— Donc, vous êtes bloqué.

— Oui. J'en étais là quand cette rigolade suisse a commencé. Ce jeune esthète n'a rien du genre qui se refuse à tirer profit de n'importe quoi. L'idée d'un chantage peut très bien venir de lui. Il occupe une position excellente. Il connaît — on ne sait pas jusqu'à quel point — la femme du médecin, il connaît — *idem* — la fille de la maîtresse du médecin. Là, nous trouvons brusquement cette fille en compagnie de notre décédé mais peu regretté artiste peintre. C'est peut-être le jeune esthète qui les a présentés, en présence de la femme du médecin (c'est peut-être elle qui a arrangé ça, ou qui en eu l'idée). Ce qu'elle sait ou ne sait pas, on l'ignore. Si nous supposons qu'elle ne sait rien, ça sonne mal : l'épouse présidant à la présentation de la fille de la maîtresse à l'homme qui, de son côté, fait chanter le mari de la maîtresse et peut-être également son propre mari (ce dont nous n'avons absolument aucune preuve). Si nous supposons qu'elle ne sait rien des agissements de son mari, ça sonne encore plus faux.

— Vous voulez dire que vous pensez qu'elle aurait monté ça par méchanceté ?

— Elle n'aurait rien su d'aucun chantage. Elle aurait découvert que son mari avait une maîtresse, et elle aurait essayé d'attaquer celle-ci par sa fille. Ce peintre avait la réputation de tomber toutes les petites jeunes filles. D'un autre côté, elle connaissait ce marchand de tableaux de charme, qui lui-même connaissait le peintre. Elle peut avoir donné des moyens de chantage contre elle-même. Le peintre peut avoir essayé de serrer la vis à deux couples bien distincts, et peut avoir été supprimé par n'importe laquelle des quatre personnes, sans compter ce bel ami qui a découvert le corps dans l'appartement au-dessus de la maison du médecin et de sa femme.

Samson reniflait et tripotait son nez avec mécontentement.

— Ç'a tout l'air d'une sacrée combine, dit-il. On dirait un mélo, tout à fait artificiel.

— C'est exactement ce que je pense. Comme si tout ça avait été monté de toutes pièces pour nous jeter de la poudre aux yeux. Et nous ne pouvons rien retenir contre aucun pelé ni aucun tondu. Même pas contre le grossiste en œuvres d'art. Bon, il m'a fait deux ou trois petits mensonges sans danger, et alors ?

— Alors votre souhait, ou votre conclusion, votre déduction — ah ! — serait de faire marche arrière.

— Nous ne disposons d'absolument rien, sinon d'une espèce d'accusation d'escalier de service venant du banquier. Je pense que je pourrais lui montrer, maintenant, qu'il aurait bien mieux fait de s'écraser. Sa femme était salement inquiète, et le médecin aussi. Tout ce qu'on trouve comme motifs d'accusation, c'est une tentative très démodée de vengeance dirigée contre le type qui couche avec votre femme, vous savez, aliénation de sentiments, ou conciliabule criminel, ou je ne sais quoi. Et ce banquier ne déposera jamais une plainte officielle. Il n'a pas besoin de publicité dans les journaux, ce n'est rien de le dire.

— Alors vous en déduisez tout bonnement qu'aucune action d'aucune sorte n'est possible, puisque vous ne voyez pas d'où vous pourriez partir, ni où cela s'arrêterait.

— C'est ça.

— Ce jeune type, le marchand de tableaux, qui selon vous mériterait une légère réprimande, vous l'avez appelé le joker du paquet. Vous ne l'aimez pas. Vous le croyez même capable d'avoir fait du chantage lui aussi.

Samson parlait péniblement, laborieusement, avec de grosses bouffées de cigare entre chaque phrase. Il faisait penser à une de ces quinteuses locomotives françaises à vapeur qui sont encore parfaitement capables, si l'envie leur en prend, de tirer d'un seul coup un express de nuit de Paris à Bordeaux, à cent cinquante à l'heure. Elles gémissent horriblement dans les faubourgs, en traînant sur les aiguillages des gares de triage un chapelet interminable de wagons de marchandises. Soudain, Samson accéléra à grosses bouffées :

— Pour moi, le joker, ce serait plutôt cette petite jeune fille. Quel âge a-t-elle ?

— Seize ans.

Van der Valk était fort surpris.

— Seize ans. Uh ! Que sait-elle ? Ou que devine-t-elle ? Ou qu'imagine-t-elle ? Que pourrait-elle dire, ou faire ? Avez-vous pensé à tout ce qu'elle pourrait laisser échapper ? Lui avez-vous parlé ?

— Non, dit stupidement Van der Valk, toujours étonné.

— Alors pourquoi ne pas le faire ? Au cas où il y aurait quelque chose de cohérent dans cette histoire, il faudrait commencer par là.

— Je venais juste de découvrir son identité. Par hasard, en essayant de replacer ce peintre dans son cadre, j'ai entendu parler de cette fille. Des gens en ont parlé sans faire exprès. Ensuite, l'artistique jeune homme n'a pas voulu me dire comment elle s'appelait. Finalement, quand je l'ai su, j'ai été frappé, mais je ne voyais pas comment approcher une fille de cet âge-là.

— Mais vous admettez qu'elle aurait pu jouer son rôle dans l'échafaudage de ce concours de circonstances pour le moins dramatiques. Supposons par exemple qu'elle ait appris quelque chose sur la conduite de sa mère. Est-ce qu'elle n'aurait pas alors essayé de contacter la femme du médecin ?

— Tout est possible. Même une foutue conspiration satanique. C'est une affaire de famille. Vous savez ce que c'est, les affaires de famille, uh ! Plus on en sait, moins on y comprend.

— Oui, dit lentement Samson. Dieu nous garde d'arrêter une vieille paysanne accusée d'avoir tué son mari avec de la mort-aux-rats.

— Nous n'en sommes pas bien loin, dit Van der Valk.

Il y eut un long silence. Un silence de locomotive prostrée indéfiniment dans une gare de triage pour des raisons incompréhensibles à quiconque. Le calme plat. Dehors, tous les moineaux d'Amsterdam s'étaient donné rendez-vous dans le même arbre, histoire de discuter. Il y avait tellement de soleil, de chaleur, de gaieté, qu'on pouvait toujours se croire en vacances.

— Je veux parler moi-même à cette fille. (Nouveau regain inattendu d'activité de la vieille locomotive.) Je ne vous dirai pas de laisser tomber avant de l'avoir vue. Je vais lui envoyer un petit mot bien poli. Pas question de convocation pour interrogatoire et compagnie. Un petit imprimé très correct et très impersonnel. Où est passé cet idiot ? Blom !... Blom, prenez un formulaire, celui où on dit de venir tel jour, telle heure. Pas celui où on dit que si on ne se présente pas, on est passible de sanctions. En mon nom, ici dans mon bureau. Van der Valk, vous lui donnerez l'adresse, et vous viendrez ici en même temps qu'elle, pour prendre des notes.

— Laissez tomber le « motif de la convocation », dit Van der Valk. Laissez tomber « commissaire » et « Police criminelle ». Mettez juste « Bureau 25 ».

Le secrétaire, qui n'était pas du tout un secrétaire mais un élève inspecteur stagiaire venu là pour s'entraîner à la routine administrative, mit le formulaire dans une de ces enveloppes marquées « Police judiciaire », avec une petite lucarne transparente pour l'adresse. Van der Valk, qui le regardait faire, confisqua l'enveloppe et lui rendit le formulaire. Surprise et stupéfaction.

— Écoutez, dit-il patiemment. Mettez ça dans une boîte aux lettres, et tout le monde sait tout de suite de quoi il s'agit. C'est parfois une bonne chose, parfois non, et le plus souvent ça n'a pas d'importance. Cette fois-ci, ce serait une bonne idée d'éviter toute publicité. Prenez une enveloppe blanche ordinaire, écrivez l'adresse à la main, et filez me chercher un timbre. Comme un bon petit gars.

XII

Le formulaire en question était suffisamment intimidant pour être pris au sérieux.

« Vous êtes prié de bien vouloir vous présenter au Bureau central de la police d'Amsterdam. Nous vous demandons de vous conformer ponctuellement à l'heure indiquée ci-dessous. Cet imprimé devra être remis au concierge à l'entrée. »

Le concierge était au courant.

Van der Valk, assis à la place du secrétaire, fut frappé par l'allure de Suzanne. Aucune comparaison entre une gamine de seize ans affichant blue-jeans et agressivité, et la même gamine de seize ans en robe d'été, avec des bas et des sandales blanches à talons, l'air parfaitement serein. Elle se présenta seule à l'heure dite, très calmement. Elle avait un joli visage rond et juvénile. Elle se comportait tout aussi simplement que si on l'avait convoquée chez le proviseur. Van der Valk était curieux de voir comment Samson, qui ne prenait pas de gants avec le public, allait s'en sortir avec cette fille.

Le vieil homme termina de lire son courrier et poussa la pile de côté.

— Bonjour, dit-il sans s'en faire. Asseyez-vous donc, mademoiselle Wilde.

Il récupéra son cigare et en tira deux ou trois bouffées pour le rallumer. Il y eut un crépitement, et un fragment de tabac incandescent s'envola. Le vieil homme l'écrasa sous un doigt épais et essuya consciencieusement les cendres avec une enveloppe. « Petite séance de feu d'artifice », pensa Van der Valk.

— Laissez-moi donc vous expliquer pourquoi je vous ai demandé de venir me voir, commença tranquillement Samson. Vous croyez sans doute, comme la plupart des gens, que la police n'a à s'occuper que de crimes. Quand on convoque les gens ici, ils font tout de suite leur examen de conscience et se demandent de quoi ils sont coupables. Eh ?

— Oui, je me suis demandé...

— Et ça y est. Personne ne pense jamais que notre fonction est toujours et avant tout de protéger le public. Évidemment, cela se ramène pour une bonne part à la prévention de ce qu'on appelle abusivement le crime. Cela commence au commissariat du quartier, quand on arrête quelqu'un qui conduit en état d'ivresse et qu'on le met au rancart pour la nuit. Ce genre de choses n'a rien à voir avec nous, ici. Cependant, si le commissariat du quartier tombe sur une histoire compliquée, il fait appel à nous, parce qu'ils n'ont pas de temps à perdre sur les histoires trop compliquées. Ici, ça pourrait s'appeler le département des histoires compliquées, qui s'apparentent ou non au crime, mais qui concernent toujours la protection du public. Eh ? Je suppose qu'il ne vous est jamais arrivé d'avoir affaire à la police, c'est pourquoi je vous ai dit tout ça. Eh ?

Cette bonne ration de paternalisme semblait avoir l'effet attendu : la petite restait tranquille et détendue.

— Très bien. Ces histoires compliquées nous amènent à voir toutes sortes de gens à qui nous devons casser les pieds parce qu'ils savent de près ou de loin des choses qui peuvent nous aider à comprendre. Des gens qui ne sont absolument compromis en rien. Vous voyez ce que je veux dire ? Bien. Un homme est mort, récemment, dans des circonstances dont certaines ne nous paraissent pas totalement claires. Il peut y avoir à cela des explications parfaitement simples et naturelles, et c'est pourquoi nous nous efforçons de contacter toutes les personnes qui l'ont connu, même très peu, et de leur faire dire tout ce qu'elles peuvent savoir, même si cela nous semble insignifiant ou hors de propos. Cet homme était peintre, il s'appelait Cabestan.

Van der Valk la voyait de profil. Il ne remarqua rien d'autre qu'un redoublement d'attention sur ce visage de petite étudiante habituée à faire attention aux mots. Samson ne lui semblait pas plus intimidant ni important que son professeur d'arts décoratifs.

— Vous êtes étudiante en esthétique, mademoiselle Wilde ?

— Oui.

— Vous fréquentez une école spéciale où on vous apprend les langues, l'histoire, et les autres matières habituelles, mais en laissant un peu de côté les maths et la physique, etc. Et on vous fait des cours spéciaux sur l'évolution de l'art et machin-chose. Je me trompe ?

— Non.

Elle avait une petite voix timide, mais à part ça elle donnait une impression d'équilibre, et même d'assurance. Elle faisait plus que seize ans. On lui en aurait donné dix-huit, dix-neuf. Il faut dire que, maintenant, ces filles-là s'habillent de façon beaucoup plus sophistiquée. Elles vont chez le coiffeur, elles étudient avec soin leur maquillage ainsi que cet air qu'elles ont toutes de posséder tout le savoir du monde. Rien de plus normal. On leur apprend tout.

— Est-ce dans cette ambiance artistique que vous avez fait la connaissance de M. Cabestan ?

— Non. Enfin, pas exactement.

— Pouvez-vous me dire comment ça c'est passé ?

— Nous avons un cours de critique d'art, vous savez, et on nous emmène souvent visiter des expositions. Un jour, j'étais dans un groupe avec le professeur Geyl, et il nous a présenté une dame qui était là et qu'il connaissait. J'ai parlé avec elle. Et à propos de quelque chose que je disais — je ne sais pas comment vous expliquer — elle m'a emmenée dans un appartement où...

— Comme ça ?

— Oui, juste comme ça, bon, un appartement où il y avait beaucoup de tableaux, et c'est là que j'ai rencontré M. Cabestan.

Van der Valk n'aurait jamais pensé que le vieil homme pouvait se montrer si patient. Décidément on en apprend tous les jours.

— Comment s'appelle cette dame ?

— Mme Van der Post. Elle connaît tout un tas de peintres et de marchands, et... oh ! elle connaît tout le monde.

— C'était son appartement ?

— Non, une espèce de marchand de tableaux d'avant-garde à la mode. Un certain M. Simons. Bon, se dépêcha-t-elle de continuer. M. Cabestan était là et faisait des plaisanteries sur les toiles parce que tout le monde les trouvait bien, sauf lui. Il m'a demandé plus ou moins sérieusement si moi je les trouvais bonnes, mais moi j'étais sérieuse et je lui ai dit que, pour être honnête, je les trouvais mauvaises et que je ne pouvais pas les voir, alors il a éclaté de rire et il m'a dit que j'avais bon goût. Comme un abruti, M. Simons a dit qu'il était à peu près aussi capable de comprendre l'art moderne que Ary Scheffer... en parlant de M. Cabestan. Lui, il me plaisait bien. Et alors M. Simons nous a servi à boire et il a dit que j'avais beaucoup à apprendre, et que je devais bien écouter les cours du professeur Geyl et voilà tout, c'est comme ça que je l'ai connu. Je ne sais pas ce que je pourrais dire d'autre.

— Mais ça va très bien, dit posément Samson. C'est parfaitement clair et cohérent. Donc, à partir de là, vous avez un peu fréquenté M. Cabestan.

— Oui ! Je suis sortie quelquefois avec lui. Il m'a montré ses propres peintures. Il était toujours gai et amusant, mais, à vrai dire, il avait des idées complètement fausses sur beaucoup de choses.

— Hum. Et vous pensez qu'il se préoccupait uniquement de votre culture artistique ?

Elle se mit à rire. Sans la moindre affectation, parfaitement naturelle.

— Bien sûr que non ! Oh ! il parlait de peinture toute la journée, mais il voulait faire l'amour avec moi, évidemment. Il essayait tout le temps de me faire poser pour lui.

Cette franchise de la nouvelle génération déconcerta quelque peu le vieil homme. Van der Valk eut un sourire.

— Vous voulez dire pour un nu ? demanda Samson, un peu gêné.

— Pour quoi d'autre ? J'ai refusé, naturellement. Mais je l'aimais bien, en un sens. C'était un pauvre garçon. Je me suis rendu compte que personne ne le prenait vraiment au sérieux, mais il avait aussi des bons côtés. Je pense même qu'autrefois c'était un bon peintre. Mais il buvait trop.

— Et avez-vous revu Mme Post ?

— Oui, en sortant de chez lui : j'y suis allée trois ou quatre fois. Il était toujours très entreprenant mais je m'arrangeais pour le remettre à sa place. Et puis j'ai découvert qu'elle vivait là aussi, je veux dire en bas, c'est une grande maison. Elle m'a dit bonjour très gentiment, et elle m'a invitée à aller prendre un café avec elle en ville. Et je l'ai rencontrée une autre fois chez des gens.

— Est-ce que Mme Post connaissait Casimir ? Je veux dire, est-ce qu'elle le connaissait bien ?

De nouveau, un joli éclat de rire.

— Il ne pouvait pas la souffrir. Il l'appelait la catin de l'art. Ce n'était que de la rancune, évidemment, parce qu'elle n'aimait pas sa peinture.

— Et vous, vous l'aimez bien, elle ?

— Je l'aime bien, je l'aime bien, je ne la connais pas assez. Tout ce que je peux dire, c'est qu'elle a toujours été aimable avec moi.

Elle semblait trouver le vieil homme un tout petit peu obtus.

— Est-ce qu'elle était au courant de votre amitié avec Cabestan, ou du moins de vos relations ?

— Oh ! oui, bien sûr. Il n'y avait aucun secret.

— Et vos parents aussi, bien sûr, étaient au courant.

Pas tellement obtus après tout... Première petite marque d'hésitation et de confusion chez la jeune fille. Van der Valk, qui prenait tranquillement en sténo, n'en perdait pas une.

— Euh... à vrai dire, non. Je veux dire, ils sont très compréhensifs pour me laisser sortir comme je veux, et voir qui je veux, surtout quand c'est au sujet de mon travail — je ne sais pas, c'est surtout une question de tact. Je veux dire, si j'avais parlé de Casimir à la maison ils se seraient fait du souci, ils m'auraient posé des questions, ça aurait fait toute une histoire que j'ai préféré éviter.

— C'est tout naturel. (Décidément ! C'était la première fois que Van der Valk voyait le vieil homme faire des manières.) Est-ce que votre père et votre mère vous auraient tous les deux désapprouvée ?

— Peut-être, dit-elle prudemment. Mon père est plus strict parce qu'il est très connu, vous comprenez. Ma mère ne se serait pas vraiment fait du souci, mais elle l'aurait soutenu, vous comprenez ?

— Mais vous auriez trouvé ça naturel, qu'elle le soutienne, eh ?

— Une femme doit toujours être du côté de son mari, répondit-elle immédiatement, sans discussion.

— Vous connaissez le docteur Post ?

Encore une hésitation, sous pression, cette fois. Brève, mais facile à voir à cause de l'aisance, de la spontanéité dont elle avait fait preuve jusque-là.

— Eh bien, connaître n'est pas le mot exact. Il m'a soignée il y a deux mois, quand j'étais très fatiguée.

— Je croyais qu'il était neurologue.

— Je ne sais pas. Ma mère dit que c'est un bon médecin. Il m'a sûrement guérie.

— Ah ! c'est votre mère qui vous l'a conseillé. Je ne sais pas pourquoi, je pensais que c'était peut-être Mme Post qui vous avait suggéré de consulter son mari.

— Non, non ! (Énergiquement.) Elle ne le savait pas.

— Elle ne vous a jamais présenté son mari ?

— Je ne l'avais jamais vu. Je suppose que la peinture ne l'intéressait pas. C'est-à-dire que je ne me suis jamais posé la question.

— Hum. Vous, vous connaissez Mme Post, et votre mère connaît le docteur Post, mais vos chemins ne se sont jamais croisés, uh ?

Elle semblait seulement un peu interloquée.

— Je ne crois pas que ma mère le connaisse très bien. Elle m'a dit qu'il l'avait soignée, une fois, et qu'elle l'avait trouvé bien.

— D'accord. Passons à ce M. Simons. Est-ce qu'il vous est arrivé de le revoir ?

Il était clair qu'elle allait se dérober. Samson alluma un autre effroyable cigare. Van der Valk réussit à s'offrir une cigarette avec une seule main.

— Vous êtes vraiment très curieux, non ?

— Mais c'est notre métier, voyez-vous. C'est comme de faire un tableau, ou de construire un mur, c'est comme ça.

Il tisonnait l'horrible chose avec l'allumette brûlée pour lui donner un meilleur tirage.

— Vous ne pourriez pas me dire à quoi ça rime, tout ça, finalement ?

— Faut voir, dit brièvement Samson. Nous en étions à M. Simons.

— Je l'ai rencontré une ou deux fois, ensuite. Vous savez comment ça se passe, on fait partie d'une espèce de groupe.

— Vous êtes retournée chez lui ?

— Je ne sais pas qui a pu vous dire ça.

— Personne. C'est pourquoi je vous le demande.

— Une ou deux fois, oui.

— Quand avez-vous appris la mort de Cabestan ?

— Je n'avais plus entendu parler de lui pendant quelque temps, et je pensais qu'il était fatigué de me faire la cour pour rien. Des garçons m'ont dit qu'il était mort. Ça m'a fait un choc, parce que — ça fait toujours un choc, non ? — je veux dire, d'apprendre que quelqu'un est mort. Je veux dire, on sait que les gens doivent mourir, bien sûr, mais pas les gens qu'on connaît. Mais ça n'a pas été une grande surprise, parce que je savais qu'il n'allait pas bien. Il buvait vraiment beaucoup, et des fois il prenait une drôle de couleur, il avait du mal à respirer, surtout en montant ce terrible escalier.

— Vous avez dit : des garçons.

— Oui, à l'école, mais pas de ma classe. Ils l'avaient appris au *New Arts Club*, d'après eux. Casimir avait l'habitude d'y aller. Il m'y avait emmenée, une fois, mais ça ne m'avait pas plu — tous ces faux jetons pas lavés.

Samson, que Van der Valk reconnaissait mieux à présent, fit une nouvelle embardée à sa manière.

— Est-ce que votre mère savait que vous voyiez Mme Post ? J'imagine que vous n'aviez aucune raison de faire preuve de tact à ce sujet.

— Eh bien, en effet, mais je crois que je n'ai pas eu l'occasion de lui parler d'elle, je ne sais pas, je n'en ai pas parlé, se défendit-elle piètrement.

— Je vois... Saviez-vous que c'est Simons qui a découvert la mort de Cabestan ?

— Ça fait un temps fou que je n'ai pas vu M. Simons.

Très froidement.

— Mais vous saviez qu'ils étaient amis.

— Pas du tout ! Je ne crois pas qu'ils étaient amis.

— Qu'est-ce qui vous fait dire ça ?

— Je ne sais pas... Casimir n'en a jamais parlé comme d'un ami, pas à moi en tout cas.

— Donc, il parlait de lui, quand même.

— Oh ! eh bien... C'est que nous nous étions connus chez lui... Je connais vraiment très peu M. Simons.

— J'ai comme l'impression — dites-moi si je me trompe — que M. Simons n'est pas pour vous un sujet de pensée très agréable.

— Je ne pense pas souvent à lui.

— Est-ce qu'il lui est arrivé de vous faire des avances ?

— Non.

Elle rougit. Elle n'avait pas rougi en parlant des avances que lui faisait Cabestan.

— Aucun différend n'opposait Cabestan et Simons... à propos de vous, par exemple ?

— Non, je ne sais pas.

— Et est-ce que vous savez pourquoi Simons se rendait chez Cabestan, le jour où il l'a trouvé mort ?

— Non. Vous croyez que quelqu'un a tué Casimir ? demanda-t-elle brusquement.

Venait-elle seulement d'y penser ?

— Quelqu'un voudrait bien nous le faire penser, répondit Samson d'une voix très calme.

— Et vous croyez que ce pourrait être Harry Simons ?

Rien dans sa voix ne permettait de penser que cette idée lui déplaisait. Pour toute réponse, Samson fit tomber la cendre de son cigare.

— Pour l'amour de Dieu, vous ne croyez pas

que c'est moi qui aurais pu tuer le pauvre vieux Casi ?

— Il est manifeste que vous préférez que ce soit Simons.

Cela dit sans ironie aucune. Elle s'agita, déconcertée. A présent, elle faisait beaucoup plus que son âge.

— M. Cabestan, poursuivit sèchement Samson, faisait chanter votre père. Il lui demandait de l'argent en échange d'un prétendu secret qui aurait causé beaucoup d'embarras à votre père si cela s'était ébruité. Vous avez une idée de ce que cela pouvait être ?

Elle était devenue rouge feu.

— Mon père sait — non, Casimir...

— Oui, mademoiselle Wilde ? Vous devez me le dire. C'est extrêmement important. Que savait votre père ?

— Que je... (Le frisson.) Non... Casimir ne le savait pas.

Désespérément, dans un gémissement.

— Oui, mademoiselle Wilde ?

Elle éclata en sanglots. Samson se tourna vers Van der Valk, qui se leva pour aller chercher un verre d'eau. Il le posa sur le bureau. D'un revers de main, elle l'envoya valdinguer dans la pièce. Aucun des deux policiers n'y prit garde : le garçon Blom, comme l'appelait Samson, nettoierait tout ça.

— Je pense que vous voulez nous dire que ce Cabestan vous avait séduite, mademoiselle Wilde.

— Non. Non. Non ! protesta-t-elle énergiquement, passionnément.

Van der Valk ouvrit la bouche en grand, intercepta un regard mauvais de son supérieur, et la referma aussitôt.

— Van der Valk, remplissez une convocation officielle pour interrogatoire, au nom de Harry Simons.

La jeune fille essaya de ravaler un énorme sanglot, se redressa, et regarda Van der Valk d'un air terrifié.

— Harry Simons vous a séduite, miss Wilde, dit Samson. (La jeune fille dut faire un gros effort pour avouer d'un signe de tête.) Est-ce cela que savait votre père ?

— Je voudrais de l'eau.

— Van der Valk !

Avec un léger soupir, celui-ci partit à la recherche d'un autre verre. Il n'y en avait pas, mais il trouva une tasse.

— Excusez-moi si j'ai l'air aussi dur, dit doucement Samson. Je ne veux pas vous secouer ni vous effrayer. C'est presque fini, mais nous devons savoir. Il va de soi que personne ne vous soupçonne de quoi que ce soit de criminel, ni d'aucune complicité. Mais je dois savoir la vérité, maintenant. Vous voulez encore un peu d'eau ? Bon. Alors Simons vous a séduite. Cabestan était jaloux, j'imagine.

— Non. Il ne savait pas. Je ne le lui avais pas dit, en tout cas.

— Bon. Il ne savait pas. Vous l'avez un peu encouragé, on dirait, à se brouiller plus ou moins avec Simons... non, d'accord, ça n'a pas d'importance pour le moment. Ah !... Est-ce que par hasard, Simons a été jaloux de Cabestan ? Il trouvait peut-être que vous étiez trop intimes ? Je me suis laissé dire que Cabestan avait une sacrée réputation avec les petites jeunes filles comme vous, et ce que vous avez dit à propos de vos parents prouve que vous le saviez, hum ?

Elle approuva faiblement de la tête. Il suivit un moment ses pensées, puis se secoua.

— Très bien, très bien. Je ne voulais absolument pas vous rudoyer, mademoiselle Wilde, et je suis désolé de vous avoir fait passer un mauvais moment. C'est passé, maintenant. Si vous le désirez, il y a des toilettes dans le couloir. Merci beaucoup d'être venue et de nous avoir tellement aidés. Il va de soi que vous pouvez revenir quand vous voulez. Conduisez-la, Van der Valk... A propos, mademoiselle Wilde ?

Elle se retourna, encore tout étourdie de larmes.

— Je pense que vous n'avez pas l'intention de parler de ça à la maison, n'est-ce pas ? (Elle secoua la tête.) Alors c'est parfait. Dans ce cas, je ne dirai rien, moi non plus, à vos parents. Hum ? C'est toujours ça.

— Je n'aurais rien dit. Vous êtes sûr que vous ne direz pas à mon père que je suis venue ici ?

— Absolument. Vous avez ma parole.

Quand Van der Valk revint, Samson essayait de déchiffrer la sténo.

— Tapez-moi ça. Je voudrais le lire.

Il s'assit humblement devant la machine de Blom.

XIII

Samson lisait attentivement la première frappe. Van der Valk, la seconde sous le nez, faisait de même. Le silence n'était troublé que par la manie du vieil homme d'enlever ses lunettes, de les poser sur le bureau avec fracas, de regarder par la fenêtre, de pousser un soupir, et de remettre ses lunettes.

Van der Valk se mit à penser à Mme Van der Post, qu'il n'avait jamais vue. Cet imbécile d'Arthur de Vries avait indéniablement du talent. Il y avait quelque chose de vivant dans son ridicule « sketch ». On s'en rendait mieux compte après avoir écouté les remarques d'une petite jeune fille, des remarques encore plus vivantes parce qu'elle n'avait pas seulement du talent mais aussi une fraîcheur d'esprit qui pouvait seule ouvrir les fenêtres sur l'obscurité. Il était plein d'admiration pour Samson, qui avait tout de suite compris ça sans avoir jamais rencontré aucune des autres personnes en cause.

Était-ce par pure coïncidence que la mère Post avait tout cristallisé autour d'elle ? Si la jeune fille ne l'avait pas rencontrée dans une galerie, elle n'aurait pas rencontré Simons grâce à elle, et elle n'aurait jamais rencontré Cabestan. Cabestan qui détestait manifestement la mère Post — « la catin de l'art ». Est-ce que Post lui-même avait la moindre idée de tout ça ? Il avait soigné la jeune fille pour faiblesse générale, mais avait-il vu en elle autre chose que la fille d'une femme qu'il connaissait ? Une femme qui était sa maîtresse, certainement, mais cela avait-il de l'importance ?

Est-ce que Casimir avait vu la jeune fille entrer ou sortir de chez Post ? Cela lui avait-il donné des idées ? Il tenait à elle. Elle avait dû lui donner, pour ainsi dire, un nouveau bail de vie. Ou de mort.

Manifestement, Simons comptait pour du beurre. La mère Post avait dû le faire marcher comme un pion. Pauvre vieux ! quel coup pour son amour-propre. Il avait peut-être su ou deviné quelque chose des manœuvres de Casimir. Ouiche ! Comment savoir qui avait manœuvré qui et pourquoi ? Si Casimir était attaché à la jeune fille, comment avait-il pu décider de faire chanter son père ?

— Vous ne comptez pas faire arrêter Simons, n'est-ce pas ?

— Bien sûr que non ; c'était pour intimider la fille. Il y a un point qui sonne faux dans son discours. Elle a été séduite par Simons, cette espèce de Narcisse professionnel qui passe sa vie à s'extasier sur sa propre magnificence. Elle en vient à le détester, et, par réaction, Cabestan lui paraît sympathique. Tout ça se tient. Et brusquement la voilà qui va chez le médecin, se faire soigner pour anémie. Là, ça ne se tient plus. Dans la même maison, bien qu'elle n'aime pas beaucoup la femme que d'autre part Cabestan déteste, et à qui elle garde rancune pour l'avoir jetée dans les bras de Simons.

— La mère...

— On n'envoie pas sa fille se faire soigner par son amant, trancha Samson.

— Tout le monde s'accorde pour dire que, quelle que soit sa moralité, c'est un bon médecin.

— Non, non, non. Si c'est vraiment sa mère qui l'y a envoyée, ça cache quelque chose. Mais je pense qu'elle y est allée de sa propre initiative. (Il enleva ses lunettes.) Il y a autre chose de bizarre. Tout le comportement de Merckel. Reprenons la chaîne des événements.

» D'une façon ou d'une autre, Cabestan apprend que la mère est la maîtresse de Post. Comment ? Peut-être par la fille, pas moyen de savoir si elle jouait ou non la comédie quand je le lui ai demandé. Il est attaché à la fille, mais il y a quelque chose de pourri, et son ressentiment se fixe sur toute la tribu des Post. Et pour des raisons connues de lui seul, il décide de s'en prendre à Merckel. Je voudrais bien savoir pourquoi.

» Donc, Merckel a intérêt à se tenir tranquille, et c'est effectivement ce qu'il fait. Là-dessus, Cabestan meurt. Et Merckel vient nous trouver avec une histoire de scrupules de conscience à dormir debout. Il accuse Post d'avoir tué Cabestan, mais il ne nous dit jamais sur quoi il se base. Tout ce qu'il trouve à nous fournir, c'est l'histoire de Cabestan, comme quoi sa femme est la maîtresse de Post, ce dont, selon ses propres dires, il se soucie peu, à condition que ça se passe discrètement. Il avait sûrement d'autres choses à nous dire, s'il avait voulu. Ça m'étonnerait qu'il n'ait rien appris sur sa fille. Vous l'avez entendue comme moi. Et vous m'avez dit que, d'après la mère, Merckel était très attaché à sa belle-fille, du fait qu'il n'avait pas eu d'enfant.

— Mais s'il a su que sa fille avait été séduite par Simons, pourquoi s'en est-il pris à Post... ou à Cabestan ?

Le vieil homme adressa à Van der Valk une mimique de dégoût.

— Je ne sais rien. Je n'ai vu aucun de ces gens-là. Je ne dispose d'absolument rien, sinon de ce que la fille m'a dit, et j'essaie d'en donner une explication logique. Puisque, apparemment, vous n'avez pas la patience de réfléchir, il faut bien que je le fasse pour vous. Il y a un fait. A peu près un mois après que la fille a eu une aventure avec Simons — pour employer la formule consacrée — elle va chez Post pour se faire soigner. Faiblesse générale. Ça, je ne peux pas l'avaler.

Van der Valk, qui l'avait avalé, était confus.

— Imaginons, reprit Samson, imaginons qu'elle y soit allée d'elle-même, en donnant une bonne excuse à sa mère, et qu'elle ait demandé à Post de lui faire un avortement, en pensant qu'elle était capable de lui tordre le bras derrière le dos : elle pouvait savoir des petites choses sur lui par sa mère ou par Cabestan.

— Même si c'est vrai, nous ne pourrons jamais le prouver. On ne pourrait pas utiliser ça contre Post sans que ça fasse un chambard terrible.

— Oui, oui, pas besoin de me le dire, s'énerva Samson. Personne ne dit qu'on va s'en servir, ni même en parler à personne. Mais si c'est vrai, cela explique ce qui, jusqu'à présent, sonnait faux. Merckel découvre quelque chose, que ce soit par sa fille ou plus probablement par Cabestan. Peut-être qu'il a cru que c'était Cabestan le père putatif, et que c'était lui qui avait envoyé la fille chez Post. Auquel cas il se trouve en face de deux oiseaux du même acabit. Et quand Cabestan meurt, Merckel en conclut que Post s'est débarrassé d'un complice dangereux et désagréable. Et cela lui reste sur l'estomac. Le type s'en est pris à lui, à sa femme, et maintenant à sa fille, et ça dépasse les bornes. Il vient nous trouver avec des insinuations, mais il essaie de passer sa fille sous silence.

Van der Valk, qui pour sa part avait pensé que Merckel cachait quelque chose, et qui s'était demandé pourquoi le banquier ne l'avait nullement empêché de voir sa femme, était impressionné par la façon dont le vieil homme dominait une situation aussi déroutante. Mais le vieil homme l'enjoignait-il réellement à agir ?

— Nous ne pouvons pas utiliser cette fille

comme témoin contre Post. Et nous ne pouvons mettre en route aucune action légale. Mais vous avez déjà parlé à ce type deux ou trois fois. Vous pourriez voir s'il y a quelque chose à faire de ce côté-là. N'essayez pas d'intimider Merckel. Tous ces gens sont à même de nous rendre la vie très désagréable — mettez-vous bien ça dans la tête, jeune homme. Regardez-moi tout ce foutoir par terre ; où est le garçon Blom ?

XIV

Van der Valk savait que Samson ne dirait rien de plus. Ni maintenant, ni plus tard. Maintenant, c'était à lui de jouer. Il pouvait laisser passer un peu de temps, histoire de ménager l'affliction de rigueur, et signaler qu'on ne pouvait décidément rien tenter contre aucun de ces personnages. Dans ce cas, le vieil homme creuserait un trou de deux mètres cinquante, y enterrerait tout le dossier et n'en reparlerait jamais plus.

Non, il ne pourrait rien tirer de M. Merckel.

Rien non plus de Mme Post. Il n'avait absolument rien à retenir contre elle, et elle se méfierait dès la première question. Toute une puissante famille de magistrats. L'étoile brillant au firmament des milieux intellectuels. La « catin de l'art ».

Et pour ce qui était de Post, il avait eu pieds et poings liés avant même le signal de départ. Si Post levait le petit doigt, il perdait sa place. Post devait savoir ça. Pourquoi n'avait-il émis aucune protestation ? Mieux, pourquoi n'avait-il pas tout simplement jeté Van der Valk dehors ?

Et pourtant, en vertu de quelque mystérieuse obstination fataliste, il n'abandonnait pas. Bien au contraire, il téléphona pour demander un nouveau rendez-vous. Rien de plus stupide, bonté divine ! Cette fois, la secrétaire ne pouvait plus se laisser avoir.

— J'ai l'impression, avança-t-il prudemment au téléphone, que je ne suis pas complètement guéri. J'aimerais consulter à nouveau le docteur Post, aussi vite que possible.

— Mais certainement, monsieur Van der Valk, je comprends très bien. Préférez-vous toujours l'après-midi ? Voyons... vous pourriez venir demain. C'est une chance que nous soyons en août. Les gens sont en vacances, vous comprenez, et ils ont autre chose à faire que de penser à aller se faire soigner.

Cette idée semblait la réjouir. Elle avait une voix tout à fait innocente. Post n'avait rien dû lui dire. Cela ne faisait aucun doute.

— Merci beaucoup, dit-il. Je ne pouvais pas mieux tomber, vraiment.

XV

— C'est encore moi ! dit-il d'une voix stupidement animée.

Il aurait bien voulu pouvoir jurer qu'il avait seulement une voix fausse, pas une voix de fausset.

— Ce doit être la chaleur, fit calmement remarquer le docteur Post. Les troubles nerveux empirent toujours, quand il y a une vague de chaleur. C'est un lieu commun.

En fait, il avait réellement fait de plus en plus chaud. L'asphalte collait à toutes les semelles. Les grosses ménagères d'Amsterdam avaient abandonné l'idée d'enfiler une robe. Elles étaient toutes à la fenêtre en combinaison luisante, couleur bonbon acidulé. Languides, elles agitaient leur chiffon à poussière en laissant voir généreusement des aisselles qui ne faisaient envie à personne. La vente des boissons gazeuses avait atteint des hauteurs si vertigineuses que les fabricants ne pouvaient plus répondre à la demande et ne savaient plus s'il valait mieux se réjouir grassement de leurs monstrueux profits ou débrancher le téléphone pour faire cesser le concert des réclamations. Les forces de police d'Amsterdam étaient aussi en plein délire. Les flics en uniforme étaient enroués à force de clamer leur protestation contre la décision d'un quelconque édile tombé sur la tête, décision selon laquelle, en raison de la présence de tous ces touristes, les agents devaient garder leur veston. « Les manches de chemise ne constituent pas seulement un manque d'hygiène et de dignité, répétait inlassablement la circulaire. Elles entachent notre prestige à l'étranger. » Le cher homme ! Quant aux troupes en civil, elles étaient en proie aux fantaisies vestimentaires les plus débridées, telles qu'on n'aurait jamais pu en imaginer dans un pays maritime voué au crachin et à la brume.

Mais ici, dans le cabinet de consultation du docteur Post, il faisait délicieusement frais. On en était profondément reconnaissant à la vétusté et à la solidité de la construction, et à l'ombre des tilleuls, dehors, épaisse, hantée de milliers d'insectes qui produisaient comme un dépôt poisseux par terre, sur le trottoir, au-dessus duquel les araignées faisaient de la corde lisse avec une espèce de charmante agilité.

Le docteur Van der Post ne semblait pas du tout souffrir de la chaleur. Il portait un costume impeccable, sa chemise ne faisait pas un pli et son regard paisible rayonnait toujours de la même souriante sympathie.

— Personnellement, j'aime la chaleur, dit Van der Valk.

— Moi aussi. Nous sommes deux rares et précieuses exceptions, de ce côté-là du moins.

— Le logement de Cabestan doit être joliment chaud, un jour comme celui-ci.

— Sans doute.

— J'aimerais bien le voir, ce logement.

Pas de réponse. Post alluma une cigarette et laissa peser son briquet sur ses longs doigts, comme pour chercher le pour et le contre de quelque chose.

— Que comptez-vous faire de ce logement ? dit Van der Valk. Vous allez chercher un autre artiste à qui le louer ?

A sa grande surprise, Post se leva brusquement. Van der Valk s'était habitué à son immobilité, à sa placidité.

— Venez, venez voir. Donnez satisfaction à votre curiosité. Je ne vous cache rien. Je préfère ça à trouver une légion d'espions à l'affût de mes mouvements et papotant avec mon chauffeur. Je voudrais vous voir soulagé de toutes ces démangeaisons.

Il passa dans le hall, grand corps se déplaçant

tranquillement. Van der Valk le suivit dans la rue où il s'était arrêté pour regarder les tilleuls, un trousseau de clés à la main.

— Tous ces insectes. Quelle concentration de population ! Comment se fait-il que cela n'attire pas la police ?

Il ouvrit la petite porte du coin et fit signe à Van der Valk de passer le premier. Un escalier très raide, au tapis élimé, entre deux murs. Une ampoule de vingt-cinq watts à chaque palier minuscule. Au troisième, éclairé par une lucarne au plafond, une porte en bois peint à l'huile.

Le studio était assez grand, et la verrière en mansarde laissait entrer suffisamment de jour pour satisfaire n'importe quel peintre. D'ailleurs, on avait tiré les rideaux pour lutter contre le soleil. Des rideaux de cretonne tachés et déteints, qui avaient autrefois été jaunes. Il faisait chaud, cela sentait la poussière et le renfermé, mais pas autant que s'y attendait Van der Valk. Une araignée faisait tranquillement la sieste à un coin du plafond, un gros mille-pattes méditait sur la tringle à rideau, mais cela ne donnait pas l'impression d'un logement abandonné.

Van der Valk sentit qu'on avait fait un minimum de ménage afin de rendre l'endroit habitable. Quelqu'un avait récemment séjourné ici. Qui avait utilisé ce verre et cette bouteille d'eau minérale ? A qui appartenait cette élégante robe de chambre ? Pas à Casimir.

— Vous plantez la tente, à ce que je vois ?

— Vous pensez bien que je n'allais pas vous laisser intriguer dans mes colonies sans me réserver une bonne place pour assister au spectacle.

— C'est une bonne place ?

— J'ai le goût de la solitude.

— Je l'avais remarqué. Vous allez jusqu'à faire vous-même le ménage. Interdit aux femmes, hein ?

Van der Valk s'approcha des livres pour les passer en revue.

— Voyons ce qu'il y a.

La fonction de la police n'est pas d'encourager ses membres à la culture. Et la carrière universitaire de Van der Valk n'avait vraiment rien eu de fulgurant. Mais, dans ce domaine, il ressemblait moins à un mouton bêlant sans résultat qu'à une chèvre se dirigeant tout droit vers la vigne du voisin après avoir dévoré tous les rosiers en vue.

Son père, qui était menuisier en bâtiment, occupait tous ses loisirs à faire du mobilier : au moment de sa mort, il avait réinventé tout seul la marqueterie. Au cours d'un voyage de trois jours à Paris il était resté planté au Louvre, la bouche ouverte, puis avait passé le restant de ses jours à méditer Oeben et Riesener, Leleu, Weisweiler et Molitor, dont il écorchait les noms mais comprenait parfaitement les idées.

Sa mère, de son propre aveu, avait « ingurgité jusqu'au dernier tous les bouquins de la vacherie de bibliothèque municipale ». Rien d'étonnant à ce qu'il soit devenu du type qui ne peut pas passer devant un livre sans le sortir de l'étagère.

Parmi les autres, un livre l'attira à cause de la coïncidence : le nom de l'auteur était Van der Post ! Il le prit, et il lui sembla qu'il le connaissait : oui, c'était sur l'Afrique, il s'en souvenait ; un bouquin vivant, écrit par un connaisseur, par le genre d'homme qu'il aimait. Il y avait même une phrase qui lui était restée dans la mémoire, s'il avait à peu près oublié tout le reste. Quelque chose sur l'individu : il fallait apprendre à résoudre les problèmes individuels de chacun, et considérer chacun en tant qu'individu, et alors seulement on pouvait commencer à se tourner vers la pensée collective, vers les groupes d'êtres humains, vers l'être humain en tant qu'élément d'un groupe.

Il attrapa un autre livre et fut tout de suite intéressé. Un truc sur les mythes, avec des elfes, des gnomes, des lutins. Le docteur Post lisait-il des contes de fées avant de s'endormir ? Mais ç'avait tout l'air d'un livre de grandes personnes. Il resta absorbé un moment, assis sur le divan. Soudain, il leva les yeux et vit Post, à l'autre bout de la pièce, qui avait accroché une toile au mur et reculait pour juger de l'effet produit.

Voilà un médecin qui vivait entouré d'objets du meilleur goût, dans le luxe, loin des bazars vulgaires et bon marché, loin des gens qui transpirent autour des comptoirs, dans des chaussures informes. Que trouvait-il d'agréable à ce logement à moitié sordide, tristement meublé, qui sentait la peinture chaude, le linoléum et la térébenthine ? Qui avait laissé ce tas d'ordures dans un coin, comme si ça ne valait même pas le coup de le descendre ? Qu'est-ce qui plaisait tant à cet homme, au point qu'il couchait là, sur un mauvais lit soigneusement fait. Une lubie ? Était-ce ainsi qu'on se conduisait après avoir tué le dernier habitant de ces pauvres lieux ?

Difficile à dire. Il faudrait qu'il y pense. Post était là, devant lui, avec un petit air amusé.

Van der Valk battit en retraite, en espérant avoir conservé un minimum d'assurance.

XVI

Plus tard, dans la rue, il retrouva soudain son détachement, comme par l'effet des cellules photoélectriques qui allument les lampadaires quand la nuit commence à tomber. « Je suis vraiment trop ridicule », pensa-t-il. Ridicule, même après être sorti de chez Post. Il s'était surpris à lire de bout en bout une vieille affiche qui annonçait une exposition terminée depuis deux mois, et qui s'écaillait piteusement sur la paroi métallique d'une vespasienne municipale. Tout à fait comme un touriste allemand religieusement recueilli devant quelque curiosité antique et carrément hideuse.

De retour dans son quartier, il entra chez son libraire où quelques personnes figées, totalement coupées du monde extérieur, prenaient connaissance des dernières productions pornographiques. Le libraire, qu'il connaissait bien, observait malicieusement cette lugubre engeance, assis derrière la caisse.

— Deux crayons bille, un rouge et un vert... allons, vous en avez de moins chers que ça... Vous connaissez un livre qui s'appelle *Le Seigneur des Anneaux*?

— Bien sûr. Je l'ai en stock, si vous voulez.

— Vous l'avez? Je voudrais le voir... C'est comme qui dirait un best-seller?

— Non, non. Depuis le temps que je l'ai, j'en vends à peine un par mois. C'est spécial. Je l'ai lu, c'est tout un monde avec ses propres paysages, sa propre langue, son histoire, tout ça très complet, très nouveau. Il y a tout ce que les gens aiment — la guerre, la poésie, des rois, des châteaux — et rien de ce qui les concerne. Pas d'argent, pas de sexe, ni commerce, ni industrie. C'est remarquable, du point de vue de l'imagination. Ça ne ressemble à rien de connu, c'est un phénomène.

Van der Valk resta sans bouger pendant trois quarts d'heure, aussi absorbé que les étudiants en pornographie. Quand le libraire lui en fit la remarque, il en fut si agacé qu'il acheta le livre.

Qui plus est, il resta assis la moitié de la nuit. Pour lire, chose étrange chez un policier hollandais. C'était un livre anglais, bien sûr. Un Français n'aurait jamais écrit ça. Mais un Allemand aussi l'aurait apprécié : humour pastoral, poésies et chansons rustiques, montagnes pleines de magiciens, atrocités romantiques, chevaliers en armure et diaphanes princesses. Un bon bouquin pour Louis de Bavière, mais sûrement pas pour un grand spécialiste en femmes et en neurologie.

L'auteur avait un nom bizarre, pas tellement anglais. Tolkien. Ç'aurait presque pu être un nom hollandais. Ce qui aurait été absolument remarquable.

Le caractère hollandais, pensa-t-il vaguement, est un truc sur lequel on dit ou on croit des choses qui n'ont aucun sens. Les Hollandais sont très fiers de ce qu'ils appellent leur « sobriété », considérée comme la vertu nationale de tous les matins avec le petit déjeuner. Regarde-où-tu-mets-les-pieds, les-pieds-sur-terre, ça-n'empêche-pas-la-terre-de-tourner. Voyons les choses comme elles sont et surtout pas comme elles devraient être. Résultat : une prudence ombrageuse, la phobie de l'imagination, l'horreur de la fantaisie. Si l'hypocrisie est le vice anglais, et la vanité le vice français, et la discipline le vice allemand, la sobriété constitue sans nul doute le vice hollandais.

Il était quatre heures du matin. Sa femme était allée se coucher, furieuse. Mais c'était plus fort que lui.

En hollandais, *Tolk* signifie interprète. *Ien* est un petit diminutif. L'homme avait-il émigré vers l'Angleterre ? Ou bien ses ancêtres ? L'autre Van der Post, celui de l'Afrique — son grand-père —, avait bien quitté la Hollande.

Pourquoi le médecin s'était-il installé là-haut, dans l'atelier où le pauvre vieux Cabestan avait tiré sa vie d'artiste raté ? Le médecin avait-il quelque chose d'un poète raté ? Sa brillante carrière de spécialiste était-elle pour lui un fardeau ? Pourquoi, avec ses goûts artistiques, avait-il été chercher sa femme dans une famille de magistrats ? C'est-à-dire tout en haut de la pyramide sociale d'une nation essentiellement bourgeoise. Cherchait-il systématiquement à séduire des femmes de ce genre, de ce rang ? La tête farcie de gnomes et de lutins, Van der Valk eut un mal fou à s'endormir.

La police est une rigoureuse hiérarchie, comme tous les services publics. En tant qu'inspecteur, Van der Valk était capitaine. Au-dessous de lui, venait toute une troupe de sous-officiers et de simples soldats élevés par leur formation au-dessus du commun des flics et des premiers devoirs de la police, devoirs encore jamais mieux spécifiés que par Fouché cent cinquante ans plus tôt. Réverbères, putains et voleurs.

Van der Valk détestait la rigidité de la hiérarchie. Pour prendre un exemple, les filatures, ainsi que les enquêtes sur la vie personnelle d'un individu dont il fallait tout savoir, étaient toujours confiées aux pieds-plats, alors que cela demandait un maximum de compétence et de tact. Mais cette fois, il allait pouvoir le faire lui-même, y consacrer son temps, tout seul. Non seulement l'affaire Van der Post n'avait rien d'officiel, mais il était de service aux insectes des tilleuls.

XVII

Depuis quelque temps, il se demandait où il avait bien pu déjà rencontrer son homme. Les jolis complets taillés près du corps, les longues mains élégantes, et ce geste très léger pour mettre l'épaulette en place afin d'éviter tout faux pli, tout renflement de la veste. Oui, il avait déjà vu quelque part ce long visage régulier, ces cheveux raides coiffés court et qui seraient tombés en frange si un peigne intransigeant ne les avait chassés du front, ce regard perspicace et mélancolique, cette grande bouche à l'éternel sourire moqueur, ces grandes oreilles bien dessinées.

Rien de plus simple. Une fois par semaine, le médecin se rendait dans une espèce de club athlétique spécialisé dans des sports de détente qui touchaient presque au snobisme. Escrime, badminton, tennis-squash. Quelques judokas s'y entraînaient également, ainsi que certains mordus de la grande forme physique, qui répétaient à l'infini les mêmes sempiternels mouvements d'ensemble. Ce n'était pas un endroit désagréable. Autour d'une petite piscine de vingt-cinq mètres comme on en trouve dans les bains turcs, les cancans sportifs de toute l'Europe avaient rendez-vous. Les cotisations étaient élevées, mais Van der Valk n'en avait cure.

On pouvait y faire la connaissance de toutes sortes de gens amusants. Lui-même n'était pas un très brillant partenaire, mais il se sentait suffisamment souple et alerte pour prendre de l'exercice avec plaisir, et c'en était un fameux, après tout un après-midi à courber le dos sur un grandiloquent rapport de trente pages, de faire quelques bons petits rounds avant de piquer une tête dans la piscine, les jambes à l'avenant, et de faire admirer son exécrable battement de crawl à son ami le champion de nage sur le dos, qui appelait ça le « Spécial-Police du port ».

Mais jusqu'à présent il n'avait guère remarqué le médecin, et celui-ci ne l'avait certainement jamais remarqué, car Post faisait partie de l'agaçante clique très fermée, à l'intérieur du club, qui bénéficiait de vestiaires spéciaux avec placards personnels. Quelques autres médecins spécialistes, quelques avocats, une poignée de hauts fonctionnaires, un consul et un chanteur d'opéra... Il ne leur serait pas venu à l'idée de se mêler à la racaille des hommes d'affaires et des vedettes de télévision. Ils jouaient surtout au tennis-squash. Le docteur Post y était assez fort, ses balles vous arrivaient sous des angles tout à fait inattendus, et il avait un service très spectaculaire qui vous obligeait à donner régulièrement des coups de raquette dans les murs...

Maintenant encore, il ne remarquait pas Van der Valk, malgré les efforts de plus en plus impudents de ce gentleman. Quand « le gros populo » se pointait discrètement à la piscine qui « leur » avait été réservée pendant une bonne heure, et réapparaissait, tiré à quatre épingles, le temps d'un cérémonieux whisky au bar, le docteur Post n'avait absolument pas conscience d'avoir bu le sien au coude à coude avec la police.

Le docteur Post était aussi un habitué des concerts classiques. C'est pourquoi Van der Valk en écouta cinq en deux semaines. Il n'y connaissait rien en musique, si on faisait abstraction de l'électrophone d'Arlette et des goûts aussi personnels que surprenants de celle-ci (sauf au sujet des sopranos, qu'elle détestait.) Mais il y prit grand plaisir. Il découvrit Bruckner, il fut enthousiasmé par la *Huitième Symphonie* de Dvorák interprétée par un Hongrois dont il ne parvint pas à retenir le nom. Lorsqu'il en parla à Arlette, elle ne manqua pas de s'indigner, dédaigneuse du « folklore tchèque ». Il y eut aussi une merveilleuse Noire américaine dans une suite de Schumann, un chef d'orchestre en tournée, très snob, qui massacra Mozart et en fut applaudi à tout rompre (à l'écœurement du docteur Post, seul et glacé au bout des jumelles de Van der Valk), et une étourdissante Allemande, l'air doux et tranquille, mais qui jouait du violon avec tant d'amour qu'il se réconcilia à jamais avec les sonates de Bach qui lui avaient toujours paru lugubres.

Non, à son idée il n'y avait rien de puritain chez le médecin. Ce n'est pourtant pas ce qui manque, en Hollande, le puritain paillard, mais Post avait une personnalité autrement complexe. C'était un amoureux du plaisir, mais de celui de l'art aussi bien que de celui des sens, du plaisir pur. Cette salle de bains qu'il avait ne cadrait pas ; elle était trop marquée de la vulgarité tapageuse des hôtels de grand luxe. Ceci pour en arriver à se dire, à se persuader que Post collectionnait les femmes de la même façon qu'il aurait collectionné des vases de

Sèvres. Van der Valk aurait volontiers parié une bonne somme que Mme Merckel n'était pas la seule et unique pièce de la collection.

Mme Béatrice Van der Post n'y était sûrement pas pour rien, pensait-il. Il la connaissait, à présent : il avait eu tout le loisir de l'étudier en méditant sous les tilleuls, dans les succulents soirs d'été. Car les allées et venues de Monsieur et Madame étaient facilement prévisibles, du simple fait qu'ils appartenaient à la catégorie sociale qui roule chauffeur. Non pas que le chauffeur en question fût le personnage de caricature qui balaie avec sa casquette le hall de marbre d'une Rolls-Royce (sans plier les genoux) ; mais il avançait l'Alfa Romeo quand le docteur Post devait sortir, et la conduisait, car Post n'aimait vraiment pas conduire. Et tous les soirs il avançait la petite voiture de Madame, qui sortait toujours. C'était une pimpante BMW blanche, un joli petit objet qui allait aussi bien à sa propriétaire que ses élégants gants blancs. Elle avait une façon à elle de considérer un instant sa maison et sa propre personne avec satisfaction avant de monter en voiture, ce qu'elle savait bien faire, sans étalage de jarretelles.

Oui, elle était comme sa voiture, elle était solide, à la Hollandaise, mais elle semblait mince dans ses vêtements choisis à la perfection. Un corps bien tourné, pas du tout rébarbatif, un visage vif et intelligent, avec un grand front, le nez pertinemment busqué sinon légèrement trop grand, de bonnes jambes sans défaut, aux chevilles nettes et aux longs tibias.

Maintenant, Van der Valk comprenait sans mal ce que Cabestan voulait dire. Ou pourquoi la petite Suzanne ne s'était jamais vraiment sentie à l'aise avec cette femme charmante, si aimable, si amicale. Ou encore pourquoi le docteur Post ne s'intéressait guère à la peinture. Il était probable que la catin de l'art considérait toutes choses avec la même satisfaction personnelle. C'est-à-dire sans doute avec la même supériorité. Sa maison, ses vêtements, son corps et son esprit si bien équilibrés, son auto brillante et sa brillante façon de conduire. Et sa peinture, et son judicieux programme de télévision. Et, bien sûr, son artiste et son producteur. Partout où elle posait le pied, tout s'arrangeait le mieux du monde, toujours, n'importe où...

Une ou deux fois, sans gaieté de cœur, il la suivit à distance respectueuse, et la vit descendre de sa petite voiture blanche aussi gracieusement qu'elle y était montée. Qu'est-ce que ça pouvait donner, au lit ? Il essaya de l'imaginer nue, et cela n'eut rien d'érotique. Mme Béatrice Van der Post-Rouwé n'était pas une femme sensuelle. Eh non, ces heures passées dans la rue n'étaient pas perdues ; loin de là.

Il se gardait de tirer des conclusions de telles choses, il s'efforçait plutôt de réunir des images, au cours de ces soirées. Parfois, il lui arrivait de griffonner nerveusement quelques notes. Post semblait bien appartenir à une famille humaine assez nombreuse : celle des êtres de grande valeur qui désirent et ont besoin d'une vie simple et tranquille. Repas réguliers, exercices réguliers, beaucoup de sommeil. Désir sexuel peu encombrant. Peut-être la collection de femmes présentait-elle un caractère plus imaginaire que réel. En éprouvait-il un sentiment d'insuffisance coupable ? Peut-être. Surtout pas de conclusions. Mais cet homme ne s'apparentait-il pas à Casimir, en un sens ? Ces mêmes promesses qu'ils avaient peu tenues. En face de l'autre, n'avait-il pas eu une vision de ce qu'il risquait de devenir lui-même à sa façon, une vision détestable ?

« Comment réagirait-il, se demanda soudain Van der Valk, si je demandais à le voir en privé, par exemple, tiens, si je l'invitais pour une partie de squash ? Pas question de policier ni de médecin. Dans son cabinet de consultation, je ne peux pas l'atteindre à travers son armure. Mais sur mon terrain à moi, dehors... ?

» Supposons que j'arrive à lui faire toucher du doigt cette ressemblance, devant un verre ou quelque chose. Cette position en retrait du monde, au-dessus du monde, et ce besoin d'avoir des filles et de se confier à elles — n'était-ce pas là leur même contact avec la vie à eux deux ? Peut-être que cela lui donnerait un petit choc ? »

Il ne pouvait rien faire d'autre. Le docteur Post avait le beau rôle : se tenir tranquille pendant une semaine. Ensuite, Van der Valk devrait remettre à Samson un bref et impersonnel rapport, comme quoi on ne pouvait rien faire, et M. Merckel recevrait une petite lettre cérémonieuse. Et voilà tout.

Il téléphona au docteur Post, puis lui fit son invitation. Et fut très étonné. Il pensait qu'elle serait poliment repoussée. Elle fut acceptée. Par un homme qui souffrait de quelque chose.

DEUXIÈME PARTIE

I

Quelle raison me pousse à rédiger tout ceci, à le mettre noir sur blanc, à aller jusqu'à reprendre mes propres paroles sous forme de dialogue ? Est-ce pour prendre du recul, pour étudier cet enchaînement de circonstances avec le plus possible d'objectivité ? En fait, il n'y a pas de raison. L'objectivité ne me fait pas défaut, ni le détachement, et je n'ai pas besoin de m'infliger ce travail pour me rassurer moi-même. Ceci ne sera pas non plus un recueil de jurisprudence à l'usage d'autrui. Je ne convoite aucunement l'immortalité sous forme de poussiéreuses fiches cliniques à la Bibliothèque de la Faculté, à l'édification de l'étudiant moyen.

Peut-être est-ce à cause de ce regard. Puis-je lui faire confiance ? Je crois que oui. Car même si les sacro-saints règlements de sa profession l'obligent à communiquer de tels aveux à l'autorité légale, il n'en fera rien, si je l'ai compris. Il est très capable d'illégalité. Autant que moi.

J'insiste : ceci est avant tout un dialogue. Ou, pour mieux dire, une conversation entre nous, entre vous et moi. Vous voyez, à présent je peux m'adresser directement à vous. Si vous lisez ces pages, c'est que vous aurez compris, et que vous serez capable de comprendre encore mieux. C'est pourquoi je reprends des fragments de conversations que nous avons eues ensemble. Écoutez ce que je vous ai dit à la lumière de ce que je vais vous dire.

J'ai écrit : « Si vous lisez ces pages ». Ce sera lorsque vous aurez obtenu quelque preuve formelle contre moi. Vous découvrirez en même temps qu'une preuve formelle ne suffit pas. Pour les hommes de loi, oui. Mais pas pour vous, selon moi.

Je ne suis pas un psychopathe. Aucune impulsion ne m'oblige à prendre des risques, à me livrer à un tribunal, à rechercher la chute. Je ne tiens ni à me confesser ni à me faire prendre. Vous essayez de me faire sortir de moi-même : il vous faudrait un levier et un point d'appui qui n'existent pas. Vous aurez donc construit vous-même, patiemment, pas à pas, un enchaînement de témoignages indirects. Ceci avec beaucoup de difficulté. (Je parle de tout cela au futur; ce n'est pas encore arrivé, après tout. Peut-être cela n'arrivera-t-il jamais ? Mais non, je vous ai dit que je ne manquais pas de détachement. J'ai aussi du courage, et de l'honnêteté, et je suis capable de surmonter l'échec. Vous y arriverez.)

Vous aurez des moments de découragement. Mais vous finirez bien par décrocher des petits morceaux tangibles de preuves. Il y en a, après tout, et au bout du compte je serai désigné comme coupable.

Pour vous prouver que je sais prévoir, et que je ne me fais même pas de souci, je vais vous montrer que j'ai déjà pensé à tout. Il ne pourra pas y avoir de preuve accablante, mais seulement un chapelet d'accusations mineures. Je serai défendu par un avocat très cher et très habile, par mon argent, et par une patience à toute épreuve. Je ne pense pas obtenir l'acquittement, et je ne m'en soucie guère parce que cela ne me gâchera guère de temps. Une année de prison, moins l'attente de passer en jugement, moins toutes les déductions possibles pour ma bonne conduite Car je me conduirai fort bien.

Mais alors ? Après ? Vous pensez que là sera le pire. La déchéance, la carrière brisée, les camouflets hypocrites. Mon vieux, absolument pas. On pourra, sans m'émouvoir, m'interdire l'exercice de la médecine, même définitivement. Je suis un bon médecin. Personne ne peut me retirer mon savoir-faire et mon expérience. Vous vous demandez ce que je ferai ? Je suis aussi un excellent spécialiste en électricité. J'ai mis au point des gadgets fort complexes. Je pourrais trouver une situation intéressante et bien payée. Sans oublier que je pourrais me produire comme charlatan en de nombreux pays. Le mot ne me fait pas peur. Je connais des charlatans qui sont d'un plus grand secours à leurs malades que bien des médecins officiellement reconnus. Et je ne me fais pas plus de souci pour ma position sociale — mon « standing ».

Mais revenons-en à notre conversation. Parlons crime, l'expression m'amuse. Conciliabule criminel. C'est le genre d'expression qui sortira sans doute au cours du procès. Est-ce prévu par la loi ? J'espère bien. Je trouve ça amusant, et il y aura sûrement d'autres petites choses amusantes. Détention illégale de produits toxiques, et autres locutions péniblement creuses.

Aucun tribunal ne mentionnera cette conversation de vous à moi. En la lisant, vous comprendrez que vous ne pourrez en faire mention à quiconque sans vous compromettre, vous et votre carrière à laquelle vous tenez certainement. Vous ne saurez vous en servir contre moi, si vous êtes l'homme que je crois. Vous êtes enclin à émettre des remarques inconsidérées, monsieur Van der Valk. Voire indiscrètes. Le genre de choses que les journalistes persistent à appeler « certaines indiscrétions ». Mais peu d'entre eux ont la chance de mettre la main sur des indiscrétions certaines.

Cela va nous faire un volumineux manuscrit. Il vous faudra vous entraîner à déchiffrer mon écriture, avec ses gribouillages et ses raccourcis, mais aussi sa clarté et sa précision, ainsi que les abréviations personnelles dont se servent tous les médecins. Quand nous faisions nos études, nous avions à prendre des quantités de notes qui devaient, pour nous être utiles, être aussi complètes que parfaitement compréhensibles, malgré la vitesse dont nous devions faire preuve. Écrire longtemps ne me fatigue pas. Mes notes, tous les copains voulaient constamment me les emprunter. Toutes les nuits je recopiais religieusement le premier jet de mon bloc-notes dans des grands classeurs. J'en avais toute une série. C'était le meilleur plaisir de ma vie d'étudiant. J'aimais, j'aime toujours ouvrir un nouveau classeur à grandes feuilles, et le remplir peu à peu avec délices. Il y a là, si vous voulez, une des réponses possibles à la question que vous vous posez. Pour quoi faire ? Pour le plaisir.

Je sais ce que vous allez dire, évidemment. On a dû vous l'apprendre à l'École de police. Vous allez dire que « la principale caractéristique du criminel, celle qui ne se dément jamais, par laquelle on le reconnaît toujours, c'est une incommensurable vanité ».

Ils ont probablement raison. Et les écrivains, ne sont-ils pas vaniteux ? Leurs personnages ne sont-ils pas des projections d'eux-mêmes ? Leurs livres ne sont-ils pas des monuments d'exhibitionnisme ? Vous possédez vous-même, mon cher Van der Valk, une considérable vanité.

Voilà, déjà une heure de travail, peut-être plus, toujours avec plaisir. Pour un peu, cela nous aurait une petite odeur à la Simenon. Oh ! oui, j'ai lu Simenon. Vous aussi, j'en suis sûr. Comme tout le monde, n'est-ce pas ? Il est clair que Simenon n'est rien d'autre qu'un bon médecin. D'ailleurs, la nostalgie de sa première vocation transparaît à tout instant. Je ne cherche absolument pas à l'imiter. Seulement je ne peux pas m'empêcher de penser à ce livre où il y a une situation semblable : vous vous souvenez de *Lettre à mon Juge* ? Écrite par un médecin. Mais il n'y a guère de ressemblance, j'en ai peur, entre le rustique et puissant personnage de Simenon, dans sa petite ville de province française, et ce que je suis moi-même essentiellement, dans mon atmosphère aristocratique, en plein Amsterdam.

Je me souviens très bien de ce livre. Cela constituait un appel, l'homme avait déjà été jugé et condamné. Mais personne n'y avait rien compris, et il ne pouvait pas le supporter. Et comme destinataire de sa lettre, il avait choisi la seule personne qui, d'après lui, avait fait un sérieux effort pour comprendre : le juge d'instruction qui avait travaillé sur son cas.

Voyez-vous où s'arrête la comparaison ? Vous

ne pouvez pas attendre de moi une telle attitude. Vous en seriez pour vos frais. Pour ce qui est de comprendre — de tout comprendre, pas seulement par bribes —, je n'en demande pas tant. Comprenez si vous le pouvez. Je ne fais pas appel auprès de vous. Au moins, comprenez ceci.

II

Je me suis arrêté là-dessus, hier, parce que je m'étais mis à méditer, pour ainsi dire, sur le genre de vie que j'aimerais mener une fois sorti de prison. Je serai à même de bien gagner ma vie, je vous l'ai dit. Je pourrai approfondir mes études, en prison, surtout en ce qui concerne l'électronique. Il paraît qu'ils sont tellement humains et consciencieux, tellement désireux de vous donner une chance : ils me fourniront certainement les moyens d'étudier.

Et ma vie privée? Vous m'avez connu dans cette vaste maison, luxueusement meublée et décorée. C'est une maison confortable, solide. J'y suis entouré d'agréments, cerné d'ornements bourgeois, y compris ma chère épouse. Cher ami, je peux vous murmurer un petit secret. Vous vous souvenez de ce que j'ai dit à propos du désir ardent qu'ont les psychopathes de se confesser et de se faire prendre? Et comment je vous affirmais que ce n'était pas mon cas? Mon œil, avez-vous pensé. Non, non, cher ami. Je serais très heureux de me faire prendre, mais pour la bonne et unique raison que c'est le seul moyen réellement sûr de me débarrasser de ma chère épouse. A moins de la tuer, bien sûr, mais je ne pense pas en être capable. Elle me prendrait sur le fait avant même que je passe à l'action, ça ne fait pas un pli.

Quant à ma vie confortable, serez-vous surpris d'apprendre que je saurais fort bien me passer de tout ça ? Je vous ai parlé de mon détachement, et je prends le mot dans son sens littéral. Je ne suis pas très attaché aux biens matériels, quels qu'ils soient. J'en profite, souvent, mais je ne me sens pas vraiment concerné par ce que je possède, ni par les servitudes que cela comporte. J'aspire depuis longtemps à reprendre la vie d'étudiant, à vivre seul dans une pièce unique meublée simplement. Je serai un de ces vieux célibataires qui préparent leur repas sur un réchaud à gaz, et qui lisent en mangeant. Lire en mangeant, vous savez, seul, sans hâte, sans faire la terrible conversation, cela a toujours été l'un de mes plus chers plaisirs. Et aussi d'être seul dans une pièce, dans le clair-obscur, loin des gens, de leur bruit et de leur remue-ménage, et d'écouter la pluie tomber dehors, battre sur le zinc de la fenêtre et glisser sur la vitre. Voilà un plaisir. En fait, j'aurai une vie plutôt semblable à celle de Cabestan, ou du moins à celle qu'il aurait pu avoir avec un peu de raison.

Oui, je l'ai tué. Vous allez dire — non, peut-être ne le direz-vous pas, mais le procureur s'en chargera : « Quelle sorte de médecin est-ce donc là, monsieur le président, qui considère la vie humaine avec une si désarmante désinvolture ? »

La réponse va vous en être donnée, si ce n'est pas déjà fait. Il n'aurait jamais dû essayer de me faire chanter. C'était poser le pied sur une peau de banane : dès lors, il n'a pas traîné. Malade le jeudi, moins bien le vendredi, mort le samedi. Cabestan aurait pu s'appeler Salomon Grundy.

Je ne vais pas vous ennuyer, mon cher Van der Valk, avec des précisions techniques. Il y a tant de façons, pour un médecin, de donner la mort sans faire souffrir, et sans laisser de traces. Il n'a pas souffert. Je me suis souvenu d'une ridicule affaire criminelle qui avait eu lieu en Angleterre. Vous rappelez-vous ce médecin assez attendrissant, qui ressemblait beaucoup plus que moi-même à une invention de Simenon, et qui était accusé du meurtre d'une veuve presque centenaire à coups de doses progressives d'héroïne ? Elle se portait encore moins bien que Cabestan, elle était clouée au lit et pratiquement gaga. C'était une idée tellement stupide et maladroite, et une telle perte de temps...

III

Avant tout, rester cohérent. Éviter toutes les tentations d'un long monologue décousu tendant à me justifier. Il me faut tout mettre en ordre à l'intention de « l'œil du détective ». Je me dois de vous donner un cadre de référence. Je vous l'ai promis, je vais reproduire des fragments de nos dialogues, cela vous aidera. Mon pauvre vieux, encore une saisie-arrêt sur votre discrétion ! Ma mémoire est bien entraînée, tenace, et chaque fois que vous me quittiez je prenais immédiatement des notes. Si vous en avez, de votre côté, comparez-les à mon travail ; et s'il y a divergence, ce sont vos notes qui trahissent. Mon vieux, vous allez être surpris par la précision avec laquelle j'ai reproduit vos propres paroles. Que dis-je, vos paroles, j'ai même repris vos tics, votre façon de rythmer la phrase...

A présent, revenons à notre point de départ, au jour où vous êtes venu pour la première fois, à votre première... Comment dire ? « Entrée en coup de vent » me semble convenir. Vous n'étiez ni agressif, ni docile, fort aimable, et assez intelligent pour provoquer sans faire peur. Et ce tact, seigneur, ce tact ! Même la suprême effronterie de vous présenter comme patient, vous la mettiez effrontément sur le compte de votre « tact ». Tout de suite, vous m'avez plu. Le patient attentif rêvé. Le patient patient.

Je vous écris de mon cabinet de consultation, assis à mon bureau exactement comme alors. A ma gauche le hall d'entrée, où mes clients ne se rencontrent jamais car cela les trouble. Ne voyez là rien de sinistre ; tous les psychiatres font de même. Face à moi, de l'autre côté de la pièce, les portes donnant sur mes cabinets d'examen, sur la machinerie électrique, dont vous vous étonniez, et sur ma fameuse salle de bains.

Ces portes, vous les avez franchies d'un bon pas (encore que vous ayez le pied léger, eu égard à votre gabarit), d'un pas que j'ai appris depuis à reconnaître. Au premier coup d'œil, j'étais certain que vous n'étiez pas un patient. Il m'a fallu un peu plus de temps pour deviner ce que vous étiez, mais je le savais avant que vous me le disiez.

— Bonjour. Dites-moi en quoi je puis vous être utile.

Vous avez démarré sur une de vos plaisanteries indigestes.

— Mes nerfs vont très bien, docteur, mais j'ai besoin de me prouver que mes idées ne sont pas irréelles. Je suis à la recherche de la même chose que la plupart des gens : la vérité, le savoir, la sécurité.

— Je vois. Vous voulez qu'on vous dise tout, qu'on vous rassure, qu'on vous donne la vérité. Toutes choses qui correspondent, comme vous dites, aux désirs de la plupart des gens. N'avez-vous rien de plus précis à me dire ? Vous soupçonnez vos idées d'être déraisonnables. Entendez-vous des voix, avez-vous des visions, des sensations ? Mais commençons par le commencement. (J'ai pris une fiche dans mon casier.) Votre nom ?

— Van der Valk, Peter.

— Votre âge ?

— Trente-huit ans.

— Votre profession ?

— Inspecteur de la Police judiciaire.

Il va de soi que je me contrôlais trop bien pour avoir la moindre réaction espérée par vous.

— Mettez-vous à votre aise. Nous avons tout le temps. Il est prévu que le premier rendez-vous dure une heure. Fumez si vous en avez envie. Je vais vous poser quelques questions destinées à nous rapprocher de ce qui vous préoccupe.

— Certainement. (Vous étiez amical.)

Un paquet de Gitanes d'un bleu parfait. Vous m'en avez offert une, amicalement, et je l'ai prise.

— Oui, je vous tiens compagnie. Vous savez, les médecins ne sont ni austères ni dédaigneux.

— C'est vous qui le dites.

— Ne le prenez pas comme ça. Voyez-vous, je ne suis pas psychiatre. Si je peux faire quelque chose pour vous, ce sera de façon tangible, concrète. Les dérangements purement psychiques ne sont pas mon affaire, mais nous allons voir. Vous exercez un métier intéressant. Qui doit parfois être dur. Horaires irréguliers ? Retard de sommeil ? Vie privée perturbée ? Épuisement, parfois ?

— On dirait que vous parlez d'un médecin. Bon, j'en suis un, en un sens. Tout ce que vous dites est vrai, mais je ne m'en plains pas. C'est la vie.

— Excellent. En général, vous assumez donc les exigences de votre profession. Et vous n'avez pas d'angoisses injustifiées, ni de sentiments d'impuissance ?

— Il faut que j'entre dans les détails. (Vous aviez compris que je vous provoquais.) Il faut que je vous dise ce qui me tracasse, avec toute la précision possible.

— Je vous écoute très attentivement.

— De par votre profession, vous êtes un sage. Il en va de même pour moi. Nous avons beaucoup en commun. On pourrait dire que nous sommes tous deux spécialistes des nerfs. Vous conviendrez que vos meilleurs résultats ne sont jamais que relatifs, ou guère plus. Les miens de même. (Vous aviez résolu d'adopter la jovialité de bon ton de mes manières. Cela ne manquait pas de m'amuser.)

— Je n'aurais jamais pensé qu'un officier de police viendrait un beau jour me parler de ça, ai-je dit, peut-être un peu méchamment.

— Nous y sommes. Je ne suis pas venu à la façon d'un officier de police, je n'ai pas mis mes gros sabots, je n'ai pas détraqué la sonnette, je n'ai pas fait d'allusions devant la fille qui m'a ouvert la porte, je ne vous ai pas poussé dans vos retranchement. J'aimerais que vous appréciiez ceci à sa juste valeur. J'ai préféré essayer de créer une atmosphère personnelle, confidentielle, amicale. Personne n'aime avoir la police à la maison. Je n'ai dit que la vérité en affirmant que je venais en tant que patient. Je suis légèrement soucieux, très intrigué, et je compte sur vous.

— Mais mon cher monsieur Van der Valk, vous n'êtes pas sans savoir que mon temps de consultation se paie fort cher. Ou bien suggérez-vous que j'envoie ma note à la Préfecture ?

— Pourquoi pas ? (L'idée vous réjouissait.) Faites-la bien salée. Ils envoient des factures, eux aussi, avec encaissement immédiat. Ne vous gênez pas. (J'ai admiré la parade et la riposte. Mais vous avez décidé de laisser tomber le tac-au-tac, cela ne vous menait à rien.)

— Dites-moi, docteur, avez-vous enchaîné plus sérieusement, vous n'êtes pas opposé à ce que je vous parle sans détour ? Je suis quelqu'un de raisonnable, et je ne voudrais pas vous prendre trop de temps.

— Cette introduction me semble fort sympathique, mais je dois dire que je n'y vois toujours pas très clair. Quel est mon rôle, là-dedans ?

— Cette introduction... (Vous tentiez de me mettre sur les nerfs en me faisant attendre)... était intentionnelle. Naturellement, puisque je suis venu à titre personnel, je n'ai aucun mandat officiel. Vous pourriez très bien refuser de parler, vous montrer cérémonieusement glacial, vous draper dans votre dignité. Mais j'espère que vous voudrez faire la moitié du chemin et vous exprimer librement.

Je me demandais si j'étais supposé réagir à cela comme à une menace de chantage. Vous vouliez certainement donner cette impression. Malgré votre ton cordial et enjoué, vous êtes un fervent de ce genre de petit piège. Je n'y suis pas tombé, cela va de soi. Je me suis adossé, j'ai croisé les jambes, et j'ai lancé un peu de fumée dans l'espace qui nous séparait.

— J'ai plusieurs réponses à vous faire. Premièrement, je ne suis jamais ni cérémonieux ni glacial, je l'espère, avec personne, même avec les maniaques, les angoissés, les déséquilibrés. J'ai entendu des discours encore beaucoup plus confus et bizarres que le vôtre, c'est un aspect général de la profession. Humainement, j'ai ma part d'impatience avec les déclarations insensées de maux imaginaires et de griefs qui font la journée d'un médecin. Deuxièmement, je n'ai jamais mis personne dehors. J'ai eu un malade qui me faisait d'interminables menaces de mort. Finalement, il m'a tiré dessus de l'autre côté de la rue pendant que je montais dans ma voiture. On l'avait laissé sortir deux ou trois fois d'institutions psychiatriques : les rapports prétendaient qu'il était absolument inoffensif. Je l'ai eu, à la fin. Troisièmement, je n'ai absolument rien contre les policiers. Ce sont des gens comme les autres. Ni plus ni moins névrosés.

Oui, je sais, je parlais trop. Vous comprenez, je devais fortifier ma position contre le coup que je sentais venir.

— Enfin, ai-je continué, ce que vous avez à me dire peut être intéressant ou insensé, je ne le sais pas encore. Mais je vous écouterai attentivement, monsieur Van der Valk. Vous êtes, ainsi que vous me l'avez dit, officier de police. J'imagine que cette tortueuse approche a quelque rapport avec la notion de crime. Quelque accusation, sans doute. Vous me trouvez trop pressé de me défendre ? La sensibilité règne sur ma profession, et nous vivons en terrain difficile. Il y a des gens qui pensent que le médecin ne les écoute pas assez attentivement s'apitoyer sur eux-mêmes, ou bien manque de bienveillance envers leur abus de l'alcool, voire de la drogue. Quelle est ma réaction, d'après vous, quand les gens viennent me demander de leur procurer des narcotiques ? Et je vous assure qu'ils viennent. Ces gens-là ne manquent pas d'orienter leurs ressentiments vers le médecin. Ils manigancent de petites intrigues, de petites dénonciations, ils répandent des inventions venimeuses, ceci sans courir aucun risque de poursuite, car de quoi s'agit-il sinon de vulgaires cancans ? Un médecin apprend à se protéger lui-même de ce genre de choses. Non, mon ami, rien de ce que vous pouvez avoir à me dire ne peut me donner un choc.

— Vous ne seriez pas surpris (je ne vous avais laissé aucune chance) de savoir que vous avez été accusé de meurtre.

— Pas spécialement. Dieu merci, je ne suis pas chirurgien. Cela leur arrive tous les jours. Et, bien sûr, tout le monde continue à penser que les anesthésistes ne valent guère mieux qu'un gang d'empoisonneurs. Mais cela fait des années et des années que cela ne s'est pas produit, autour de moi.

— Il ne s'agit pas de meurtre par négligence, docteur Post. Ni d'un patient. Vous êtes accusé d'homicide volontaire sur une personne de votre connaissance. Un certain Cabestan.

— Le vieux Cabestan, vraiment ? Mais c'est

remarquable. Je ne vois pas qui pourrait avoir l'idée de me mettre sa mort sur le dos, pauvre vieille branche.

— Cela va plus loin. Vous ne seriez pas seulement responsable de sa mort. Vous l'auriez provoquée vous-même, en toute connaissance de cause, en usant de moyens demeurés à ce jour mystérieux.

— Vous m'étonnez, maintenant. Il est très probable qu'il a succombé à une angine de poitrine ou à une crise brutale de ce genre. Il était franchement âgé, de faible constitution, et il vivait seul. Un tel décès, même aussi soudain, n'est jamais bien surprenant.

C'était à nouveau le duel. Je n'ai pas besoin de m'étendre davantage pour vous rappeler comment s'est déroulée notre première conversation. Elle fut peu concluante. Je ne vous ai pas demandé comment vous était parvenue cette accusation, ni de qui. En premier lieu, j'avais le sentiment que vous ne me le diriez pas. Mais surtout, toute mon attitude devait démontrer une indifférence souriante, qu'il s'agisse de crime ou de quoi que ce soit. Le monde est plein de gens qui accusent leur prochain. A votre niveau, un policier doit en rencontrer par centaines.

J'ai décidé alors de penser que vous aviez dit la vérité. Les accusations, cela se vérifie. Vous étiez venu, poliment, avec votre fameux tact, pour procéder à une vérification. C'était parfaitement naturel. J'ai pensé que vous ne reviendriez pas.

Mais quand vous êtes parti, avec quelques plaisanteries sûrement mises au point par un long usage, je me suis mis à réfléchir. Vous aviez trop l'air de vous amuser, vous faisiez trop de plaisanteries. Dans votre position, n'importe quel policier se serait montré extrêmement guindé, gêné, de mener une telle conversation avec quelqu'un d'aussi connu, d'aussi professionnellement réputé. Vous n'étiez pas assez guindé. Et vous n'aviez pas cessé, en parlant, de tout examiner, de m'étudier, moi et tout ce qui m'entoure. (Et pour ce qui est de parler, vous serez le premier à l'admettre, vous ne manquez pas de provisions.) Je n'ai pas remarqué beaucoup d'apaisement dans votre regard.

IV

Évidemment, je me suis posé la question de savoir si Casimir n'aurait pas eu un confident. Mais ce confident n'aurait pas pu fournir à la police ni à personne un témoignage conséquent, puisqu'il serait passé sur le fait que Cabestan avait essayé de me faire chanter. Je dis « essayé ». Il va de soi qu'il n'a jamais obtenu un sou de moi. Je ne comprends pas comment on peut céder au chantage. On sait bien que ça ne s'arrêtera jamais. Si couard que l'on puisse être, l'amertume d'être tondu à intervalles réguliers doit devenir trop forte. Tôt ou tard, pour n'importe qui, arrive le moment où tuer devient plus facile que payer. Mais si tout le monde pensait ainsi, il n'y aurait pas non plus de maîtres chanteurs. L'espérance de vie serait trop faible.

Il y a une autre possibilité. Casimir peut avoir essayé son petit jeu sur quelqu'un d'autre, ou même sur plusieurs personnes. Au cas où cette ou ces personnes auraient appris que j'allais entrer dans leur club, elles pourraient en avoir tiré certaines conclusions quant au décès de Cabestan, et avoir manigancé quelque dénonciation, anonyme évidemment, afin de détourner d'elles-mêmes tout risque de suspicion. Mais pour autant que la police s'était dérangée, si obliquement et précautionneusement que ce fût, c'est qu'elle devait se fonder sur quelque chose de beaucoup plus solide. Une personne bien vivante, bien réelle, par exemple.

J'ai hérité de Casimir en même temps que de cette maison, quand le vieux docteur Munck s'est retiré à près de quatre-vingts ans, riche en biens et en honneurs (il était encore prodigieusement actif et il partit immédiatement faire des randonnées en montagne, dans une station de sports d'hiver ; assez entêté pour ne pas se fier aux gens du pays, il fut tué le lendemain de son arrivée par une avalanche). A ce que j'en sais, le bail de Casimir doit remonter aux alentours des années trente. L'approvisionnement en filles de la campagne commençait à se raréfier, il devenait trop cher et trop difficile de se faire servir. Munck avait tout simplement condamné l'étage des chambres de bonne, en faisant faire un travail considérable : les entrepreneurs, au moins, n'étaient pas devenus trop chers. Une opération simpliste et radicale, sinon efficace. Un escalier sur tout un côté de la maison, et au coin, une porte sur la rue ! Personne n'aurait plus l'idée de faire ça. Mais c'était presque normal, à cette époque, quand toutes les pièces étaient trop grandes et les maisons trop hautes, et qu'aucune d'elles ne possédait d'ascenseur !

Il n'y eut jamais le moindre tracas. Tant que cette maison tient debout, elle est bien assez grande comme ça pour un couple sans enfants et l'exercice d'une profession libérale. Casimir n'avait jamais le plus léger contact avec nous : il n'en était pas besoin. Le vieux Munck s'était estimé satisfait de ce tout petit loyer. Moi de même. Quant à Casimir, il n'aurait pas eu l'aplomb de se plaindre de ses trois étages de petit escalier. Un authentique studio-atelier est la plus rare des choses, en Hollande.

Aucun besoin de contrainte pour avouer que je suis allé dans les appartements de Casimir. Ce n'est pas un secret : j'ai un double de ses clés. C'est normal, en cas d'incendie : cet appartement est couvert par une assurance spéciale. Du reste, il s'y trouve des canalisations de plomberie et d'électricité. S'il y a une réparation à faire, il faut que les ouvriers puissent y accéder. Ainsi, en de rares occasions, j'ai donné des instructions pour que les ouvriers n'aient pas à se gêner pour Casimir. Je suis médecin, après tout, un médecin surmené, et aux yeux de beaucoup, un important personnage. Quant à lui, même dans sa grande époque, il n'a jamais été qu'un artiste peintre dans la dèche, un individu destiné à être embêté par des plombiers.

Quand une petite lettre bien polie m'apprit qu'il avait des ennuis avec une fuite dans le toit, j'y suis allé voir, en propriétaire scrupuleux. J'avais une certaine curiosité, et le prétexte était bon. Deux ou trois tuiles avaient besoin d'être remplacées. Sans doute l'événement excitait-il aussi sa curiosité, comme pour moi. C'est à peine si je connaissais son existence. La maison est très silencieuse, et lui c'était le genre bouche cousue, peu porté sur les poids et haltères, ou sur les claquettes, ou les marteaux piqueurs.

Une à une, j'ai dû gravir les marches de cet interminable escalier recouvert d'une espèce de vieille natte de coco couleur poussière. Cela sentait mauvais ; j'ai les narines très sensibles. Le loyer était bas, mais pas trop, pensais-je tout en montant.

En haut, il y a une sorte de corridor d'étage, avec de nombreux placards pleins de balais et de n'importe quoi, de poubelles, et de compteurs électriques, et de vieux pardessus — vous voyez, j'y ai regardé. Au fond, il y a un débarras, des vieilles malles à vieilles ficelles, et la fameuse tuyauterie du plombier. Sur le palier, quatre portes. Il y avait autrefois trois chambres de bonne et une salle de bains. Celle-ci est devenue pour moitié une kitchenette, et deux des chambres ont été réunies pour faire un grand studio mansardé ouvert sur la rue. Il y a l'eau, le gaz et l'électricité : ce doit être un bon logement pour un peintre. Je ne m'y connais guère, mais c'est haut, calme, bien orienté. Cela offre en plus la possibilité de regarder les dactylos se changer, dans l'immeuble d'en face, entre deux tilleuls : l'une des premières choses que j'ai trouvées, en fouillant un peu, par la suite, ce fut une paire de jumelles bon marché.

Casimir m'attendait sur le palier, grand corps maigre aux épaules tombantes, dans son éternel costume de tweed râpé, lâche, coupé à l'ancienne mode, rembourré sans succès aux épaules, poché aux genoux. Il avait eu des cheveux roux, qui étaient devenus gris. Sa grosse tête, son grand front anxieusement ridé lui conféraient au premier abord un air impressionnant. Des lunettes à monture de corne lui glissaient sur le nez, la cigarette entre deux lèvres molles, ou plutôt entre ses dents gâtées : je l'aurais déjà détesté pour son haleine. Si on l'avait sorti au soleil de Provence, bien séché au mistral, bien désinfecté, bien bronzé, il aurait été moins répugnant. Ce regard humide, pâteux, ces pellicules dans la tignasse, cette figure osseuse. Pouvez-vous admettre qu'une jeune fille trouve cela attirant ?

Il paraît qu'il a été un bon peintre, dans le temps, que certaines de ses œuvres resteront, et même qu'il était mondialement connu dans les années vingt. On m'a dit qu'il avait survécu à son talent et que sa réputation n'avait cessé de baisser depuis la guerre, quoique son nom suffise encore à animer le marché. Non, vous vous trompez si vous pensez que je tiens cela de ma chère épouse. Je n'ai pas une confiance illimitée en son fameux jugement artistique, dirons-nous, et surtout je sais qu'elle ne peut pas voir Casimir, ce sentiment lui étant retourné. Il lui est arrivé, semble-t-il, de faire en sa présence une remarque désobligeante sur une de ses toiles... Non, je connais un chirurgien avec qui je joue au squash, qui fait collection de peinture moderne et qui possède certains Casimir-1930 auxquels il accorde une réelle valeur. Cabestan a été un prodigieux travailleur, et il était encore capable d'étonnants accès d'activité en dehors des semaines passées à descendre du gin (mais là je me réfère à quelqu'un qui l'a connu de très près).

Il est certain que son nom me disait quelque chose, même avant que je m'en inquiète. Mais il n'y a rien de plus moche qu'une célébrité 1925. On se dit : « Grands dieux, il est encore vivant, celui-là ? »

Chez lui, cela sentait encore plus mauvais que dans l'escalier, même si bien des gens n'eussent rien remarqué. Dans l'ensemble c'était bien tenu, malgré un peu de désordre çà et là. Je l'ai écouté mâchonner ses mots, je me suis laissé désigner les taches d'humidité au plafond, et j'ai convenu sans plus de façons que la toiture devait être réparée.

Je crois que j'ai dû penser à le tuer dès ce moment-là.

V

J'ai repensé à ce logement, les jours suivants. N'y aurais-je pas été mieux, à tout point de vue, que dans ce pâté en croûte caparaçonné de coûteux machins-choses, de tapis épais, de rideaux précieux, de femmes en manteau de fourrure (on dirait qu'on a de la fourrure sur la langue) ! En vertu de quelle malédiction étais-je devenu un médecin soucieux de sa façade, et non un peintre soucieux de sa fantaisie ? Personne ne serait jamais venu surveiller par dépit mes activités parfaitement inoffensives, la femme nue étant une commune caractéristique de la vie d'un peintre et de celle d'un médecin. Aucun Ordre des médecins ne se mêle de censurer les faits et gestes d'un artiste peintre. Au contraire, on attend de lui qu'il se conduise de façon originale. Et s'il arrive qu'on le surprenne dans une situation scabreuse, il se produit aussitôt un rush de sympathisants — il y a un courant en faveur de Casimir, maintenant qu'il est mort — qui affirment comme un seul homme que non seulement la débauche n'a rien d'anormal pour un

« artiste » mais qu'elle est partie intégrante de sa personnalité, qu'elle lui est nécessaire. J'ai assez entendu Béatrice pontifier là-dessus. Les idées larges, tolérante comme elle ne le serait jamais envers des gens « de notre milieu », débitant que la débauche est l'engrais qui permet aux fleurs de l'art d'atteindre à toute leur splendeur. « L'œuvre d'art est une fleur, vous comprenez, les fleurs ne poussent pas sur du marbre. » Putain...

Et moi, ne serais-je pas un artiste ? Pourquoi non ? Pourquoi, dans l'esprit des imbéciles, une barrière sépare-t-elle ainsi l'art et la science ? La vie est un organisme, un tout. Ce sont ces barrières, ces fractionnements, ces cloisonnements, qui abêtissent, rabougrissent, dessèchent les rongeurs de fromage du genre de ma femme et de ses chers amis.

Aha ! penserez-vous en lisant ce paragraphe. Aha ! jaloux... Oui, jaloux. J'ai tué cet infortuné Casimir par jalousie haineuse, personnelle, professionnelle, animale. Ce salaud me volait ma vie. Son chantage ne m'a fourni qu'une ombre de prétexte, qu'un soupçon de justification. Car le chantage lui-même ne me faisait ni chaud, ni froid. Bella dispose d'un mari très capable de la protéger.

VI

J'étais si échauffé que je me suis levé pour faire quelques pas. Je suis allé dans la salle de bains pour me voir dans la glace. (Bella dit qu'elle ne s'est jamais mieux vue que dans cette glace.) Je ne compte pas vous apprendre quoi que ce soit en me regardant. Je n'ignore pas que votre regard de spécialiste a saisi tous les détails de mon aspect et de mon comportement qui pouvaient avoir une signification. C'est un regard que je connais bien. Moi aussi, j'ai pris l'habitude de considérer chaque rencontre, chaque conversation, chaque examen, comme des outils de travail. Comme vous l'avez remarqué en plaisantant, à deux ou trois reprises, nous avons beaucoup en commun, vous et moi... Vous vous posez des questions sur les gens. Untel est-il capable de commettre un crime? Tout le monde, absolument n'importe qui. A ce que j'en sais, vous devez être d'accord.

Non, si je suis venu me regarder dans la glace, au-dessus du lavabo, c'est pour y voir l'homme que vous avez vu. Je voudrais voir ce que vous avez vu. Je ne suis pas très intime avec ma propre image. Je n'ai pas beaucoup d'amour-propre, je n'aime pas les miroirs, excepté lorsqu'ils servent l'amour tout court. Quand je me rase, je ne vois que ma mâchoire dans la petite glace qu'il y a dans la boîte. Je n'ai pas besoin de me voir pour me coiffer. Et je sais que j'ai l'air propre, sain et net; alors? Quand je suis chez le coiffeur, je garde résolument les yeux fermés : c'est une bonne occasion pour se reposer et cela évite le bavardage infernal. Chez moi, je n'ai pas de miroir : je paie assez cher mon tailleur pour savoir que mes vêtements me vont bien. Oui, le seul miroir existant, autour de moi, c'est celui du lavabo, dans la salle de bains de mes cabinets d'examen.

C'est l'un des endroits les plus importants de la maison. Combien de femmes sont arrivées impeccablement coiffées et maquillées, pleines de sang-froid, souvent glaciales et hautaines afin de cacher leur angoisse, qui se sont vues échevelées dans ce miroir peu de temps après. J'ai remarqué que cela vous a intéressé, fasciné, dès le début. Au moins, vous n'aviez pas besoin qu'on vous montre le chemin. Une des premières choses que vous avez faites, j'en suis sûr, ç'aura été de dresser un petit croquis de l'agencement des lieux. Le vieux Munck aussi, bien sûr, avait ce cabinet de consultation, et son cabinet d'examen derrière, là où il est encore, avec l'ancienne véranda donnant sur le châtaignier du jardin, discrètement tendue de rideaux. Mais à la place de la salle de bains il y avait le secrétariat de Munck. C'est moi qui ai eu l'idée d'envoyer ma secrétaire en haut et d'ouvrir une seconde salle d'attente sur le hall, au grand ennui de Béatrice. Mes clients ne veulent voir que moi, à la rigueur Mlle Maas. Elle travaille jusqu'à quatre heures et demie, et toute sa journée est prise par le téléphone, les rendez-vous, les comptes, les factures. Mon plus sérieux témoin ! Depuis qu'elle travaille avec moi, c'est-à-dire depuis mes débuts, elle n'a jamais rien vu que de plus parfaitement correct. Je peux préciser que même si elle voyait autre chose, elle n'y trouverait aucun mal. Elle a connu toutes sortes de malades qui se conduisaient plus bizarrement les uns que les autres, et rien ne pourrait la surprendre. Il vous faut admettre avec regret qu'elle ne vous sera pas d'un grand secours.

Mais nous parlions de la salle de bains. Je conviens qu'elle est très vulgaire avec ces carreaux de caoutchouc mousse qui font le délice des pieds nus, ce lavabo et ce bidet en « porcelaine de Paris » ornée des classiques feuilles de lierre que l'on retrouve sur le carrelage de la douche. Porte-serviette chauffant et savonnette discrètement parfumée de Roger & Gallet. Oui, les hôtels de luxe offrent la même chose. Eh bien, justement, pensez-y.

Vous fronciez les sourcils, ou plutôt le nez. Vous trouviez ce luxe un peu répugnant, et si vous ne disiez rien j'ai lu sur votre figure que les médecins les plus chers de Hollande se contentent d'un robinet dans un coin de leur cabinet d'examen. Bizarre. Suspect.

Vous me faites rire, car malgré vos airs blasés et votre expérience, vous n'êtes qu'un puritain. Même ici à Amsterdam, seule ville de Hollande où l'on soit un peu snob, et également un peu canaille, on ne sort jamais de la plus conventionnelle moralité. Prendre un bain plus d'une fois par semaine, cela ne se fait pas, tout simplement. Je suis le seul, que je sache, qui ait réussi à enfreindre cette règle.

Je me cherche des excuses. Je sais que ma salle de bains est une faiblesse, et pas seulement au sens courant. C'est mon tribut à ma sensualité, ma soumission, pour une fois, au pouvoir pur et simple de l'argent. Et elle plaît tellement aux femmes ! Dans cette salle de bains, une femme peut se laisser aller, abandonner son contrôle d'elle-même, jeter son masque de moralité ! Après y avoir passé une demi-heure, je n'en ai pas vu une seule montrer le plus léger signe d'hystérie, ou de rancœur, ou de jalousie, ou d'exagération émotionnelle. C'est une thérapie, comme tout ce que je fais par ailleurs. Je leur permets d'occuper ma salle de bains aussi longtemps qu'elles le désirent. Lorsqu'elles en sortent, elles me voient écrire tranquillement à mon bureau. Mais, à défendre ma salle de bains, j'en ai presque oublié que j'étais venu là pour jeter un coup d'œil sur moi-même en me demandant ce que vous pouvez bien voir derrière ce visage.

Mes traits n'ont rien de remarquable. Mes cheveux sont courts, raides, et dégagent un front assez grand. Ma figure est longue, étroite, avec de grandes oreilles et une grande bouche. Mes yeux et mon nez aussi sont grands, mais tout cela est assez régulier. Je ne suis pas trop vilain, je le confesse. A première vue, je ne manque pas de personnalité, ni d'humour, ni d'intelligence. Personne n'irait penser qu'il y a de l'aigreur dans les nombreuses petites rides de mes yeux et de ma bouche, ni que ce nez droit et cette mâchoire bien dessinée cachent quelque chose de vraiment terrible. J'ai une voix profonde, calme et posée, un ton agréable. Mes yeux gris clair ont un regard franc et paisible. En tant que médecin, je dois beaucoup à ce visage-là. Avec les femmes, bien sûr, peu importe le visage. Je pourrais avoir celui d'un orang-outang, celui de l'Homme des neiges, que cela ne ferait pas la plus légère différence. Ce que vous avez vu, je me le demande.

VII

Vous êtes réapparu une dizaine de jours plus tard. J'imagine que cela vous a semblé un bon délai pour me laisser mijoter, me sentir mal à l'aise, commencer à m'effriter. Je n'ai rien ressenti de semblable, parce que je sais comment s'y prennent les gens comme vous. J'avais décrété que vous étiez tout sauf satisfait, et que l'insatisfaction se traduirait par de l'obstination. Je savais que tant qu'il y aurait un peu à racler sur la patinoire vous ne lâcheriez pas de sitôt. Et qu'il me faudrait mettre en vigueur une longue patience pour vous voir disparaître, satisfait ou non.

Cette fois encore, j'ai été frappé par votre pouvoir d'imagination. Vous aviez mis sur pied une petite comédie qui devait m'empêcher de jouer la mienne, et vous auriez continué, j'imagine, à suivre cette tactique de harcèlement, à poursuivre la guerre des nerfs. J'étais intimement persuadé que vous ne donneriez pas dans la laborieuse routine policière, avec des gros types en imperméable devant la maison, en train de coucher chaque visiteur sur une liste fastidieuse. Vous vouliez poser un jalon chez moi, dans mon château, à l'intérieur de mes fortifications, et préparer un sapement pour me faire sauter au moment où je m'y attendrais le moins. Aussi avez-vous téléphoné à Mlle Maas pour prendre rendez-vous, comme n'importe quel homme d'affaires souffrant de symptômes persistants. Et vous avez atterri dans mon cabinet de consultation, en pleine forme, rayonnant d'un mystérieux contentement de vous-même. Cet air imbécile ne m'a pas trompé.

— Préférez-vous le fauteuil, là, ou serez-vous plus à l'aise sur le canapé ?

La pièce est extrêmement agréable. Carrée, haute de plafond, avec les deux grandes fenêtres sur la rue ombragée. Il faisait un beau temps chaud, et tous les tilleuls étaient en plein épanouissement. Mon bureau est situé en coin, entre les fenêtres et le mur latéral garni de rayons de livres, derrière lesquels zigzague l'escalier de Casimir. Cette pièce ne se trouve pas encombrée outre mesure par le grand canapé culotté de cuir jaune. Beaucoup de gens, et spécialement les femmes, le préfèrent au « fauteuil à client » du coin de mon bureau.

— Je crois que je préfère le canapé. J'aime beaucoup l'allure qu'il a. (D'une voix joyeusement stupide.)

— Comment va votre santé ?

— Je ne sais pas ; il y a toutes sortes de choses bizarres qui peuvent me mettre à plat. Qu'êtes-vous capable de guérir ?

— Toutes sortes de choses, hormis celles qui justifient pleinement une intervention chirurgicale. Encore que j'aie souvent réussi à rendre celle-ci inutile, même lorsque cela semblait urgent.

— Et ce qu'on appelle neurochirurgie ?

— C'est une discipline très exigeante, qui dépasse mes possibilités. Je pourrais probablement vous soulager de votre appendice ; ce n'est rien d'autre que de la grosse menuiserie.

— Que faites-vous, le plus souvent ?

— J'ai pas mal de personnes dont le cas confine à la psychiatrie sans nécessiter de traitement psychiatrique. Et, bien sûr, beaucoup d'autres qui en sont loin, qui souffrent d'insomnic ct tout ça, et qui s'imaginent que cela est dû à un trouble psychique. Il y a aussi toutes les migraines et douleurs psychosomatiques. Ai-je répondu à votre question ?

— Vous faites des massages ?

— Fréquemment. Et il m'arrive souvent d'envoyer des patients chez le masseur.

— Et l'électricité, les électrochocs, etc. ?

— Je ne pratique pas d'électrochocs, qui sont réservés à certains types de démence. Je pratique le vibromassage, différents traitements par ondes courtes qui vont de l'ultraviolet aux rayons X de faible intensité. J'utilise également de l'air plus ou moins chaud, et l'eau chaude ou froide, ai-je ajouté avec un brin de sarcasme.

— Et les cures de fruits et légumes, j'imagine, et la natation, et la bicyclette ?

— Certainement. Mais j'ai peur que nous n'ayons pas le temps de nous étendre sur les nombreuses applications possibles et imaginables de tout ceci. Je me permets de vous renvoyer à votre *Larousse médical.*

— Oh ! j'en ai un. (Avec enthousiasme.) Ces dernières semaines, c'est devenu mon livre de chevet... Est-ce que vous soignez les maladies de peau ? avez-vous soudain demandé.

— Je ne suis pas dermatologue. Ceci dit, ça m'arrive, lorsqu'elles sont d'origine nerveuse, ce qui est fréquemment le cas.

— Et les traitements esthétiques ?

— Qu'entendez-vous par là ? Qu'est-ce qu'un traitement esthétique ? (Vous aviez besoin d'une petite mortification.)

— Oh ! rajeunir les vieilles bonnes femmes avec du foie de veau et je ne sais quoi d'autre.

— Mon pauvre ami, vous lisez trop de magazines. Il existe des chirurgiens esthétiques, et il existe des gérontologues, et il existe des traitements aux hormones. Cela ne présente pour moi aucun intérêt, croyez-le bien.

— J'ai entendu dire que vous rajeunissez les gens.

— Bon, je vais vous expliquer. Si une personne vient me trouver avec un système général déréglé, avec du surmenage, avec une vie impossible, et que je parviens à faire quelque chose pour elle, elle commence à se sentir mieux. Dans une bouffée de bien-être, elle peut dire à des amis qu'elle se sent « rajeunie de dix ans ». Et les ignorants comme vous, qui aiment le sensationnel, s'imaginent que je détiens un pouvoir magique et que je connais des cures miracles. Superstition.

Vous n'étiez pas très mortifié. Vous écoutiez cette absurde conférence sans vous départir un instant de vos airs chaleureux et bienveillants.

— Pourtant, vous devez recevoir bon nombre de femmes entre deux âges.

— Ai-je réellement besoin de vous expliquer cela ?

— Mais oui. Pourquoi pas ? Vous l'avez dit, je suis un ignorant.

— Tous les médecins ont affaire à beaucoup de patients du genre dont vous parlez. Ils sont fatigués et énervés de ne rien faire, ils recherchent les distractions de toutes sortes. Cela donne un terrain fertile pour toutes sortes de maux. Sans compter que les femmes de cet âge souffrent de diverses perturbations biologiques. Dans la vie du médecin, c'est monnaie courante. Mais pourquoi discuter de ces banalités ?

— Parce quc cc n'en sont pas forcément. Par exemple lorsqu'elles sont susceptibles d'avoir entraîné certaines malversations.

J'ai tourné vers vous un regard vitreux.

— Il faudrait savoir. Vous avez dû recevoir quelque lettre ordurière, bon. M'accusant d'avoir fait son affaire à Cabestan. A présent, il semble qu'il s'agisse de malversations sur mes clientes, si je vous ai bien compris. (Signe de tête désinvolte de votre part.) Bien. Là où je ne vous suis plus, c'est quand vous prenez au sérieux ces ordures bonnes pour la poubelle. Comme je vous l'ai exposé la dernière fois, quand on en veut à un médecin, on n'essaie pas de lui nuire n'importe comment, on l'accuse de tous les méfaits imputables à un médecin dans l'exercice de sa profession.

— Nous avons reçu une lettre, très raisonnable, pas du tout ordurière, disant simplement que vous aviez supprimé Cabestan parce qu'il avait connaissance de vos écarts professionnels et qu'il vous avait menacé de les dénoncer. (Votre voix était remarquablement terne.)

— Malheureusement, ai-je rétorqué sèchement, la mort de M. Cabestan constitue le seul fait tangible de tout ça. Si vous pensez réellement que quelqu'un, sans parler de moi-même, l'a tué, il vous faut étayer concrètement votre hypothèse. N'y a-t-il pas eu, par exemple, d'examen médical ?

— Oh ! si.

— Avec quel résultat, si je puis me permettre la curiosité de vous le demander ?

— Rien du tout. (Allégrement.)

— Alors vos supputations s'écroulent. Elles ne sauraient tenir devant un tribunal. Je ne voudrais pas passer moi-même aux menaces, mais vous devez comprendre que toute personne accusée à la légère de menées criminelles possède les moyens de se défendre. Arrestation arbitraire, atteinte à la liberté, et tout ce que vous voudrez.

— Quelqu'un a-t-il porté atteinte à votre liberté ?

— Diffamation.

— Quelle diffamation ? Allons, docteur, je suis votre patient, toute conversation entre vous et moi est considérée comme privée et jouit de l'immunité. Le fameux secret médical.

— Une conversation en forme de chantage.

— Nous ne faisons jamais chanter personne, avez-vous doucement affirmé. Et nous ne donnons jamais suite aux frivoles accusations que l'on lance en l'air.

— Vous voulez dire que vous ne m'accusez pas en l'air ?

— Bien sûr. Nous avons même un témoin à charge.

— Produisez-le.

— Cela viendra en son temps.

— Un témoin qui se cache, mon vieux, n'est pas un témoin très solide, ni quelqu'un en qui on puisse avoir confiance. Je pense que je vais demander à mon association professionnelle de prendre toute mesure propre à assurer ma protection. Je vais porter plainte pour intrusion policière illégale, injustifiable et non autorisée.

Vous m'aviez conduit où vous vouliez, évidemment, en employant des arguments délibérément faibles. Je me suis laissé prendre au piège, comme je m'en rends compte maintenant. Il vous était facile, à partir de là, de poursuivre, toute honte bue, votre chantage. Mon cher Van der Valk, vous avez quelques grandes qualités, dont celle, révoltante, de toujours trouver moyen de faire le tour pour attaquer par-derrière.

— Allez-y, docteur ! (Votre bon sourire d'ouvrier agricole.) Ne vous gênez pas si vous pensez vraiment que vous avez intérêt à rendre cette affaire plus ou moins publique. La presse se saisira des motifs de la plainte, on ne peut pas y couper. Vous pourriez finir par regretter d'avoir réagi si vite. Là où nous en sommes, il ne s'agit que d'un bavardage amical, intime, personnel, entre vous et moi. Un médecin et son malade ! Ce témoin, si nous ne le produisons pas, c'est que nous désirons savoir quelle valeur nous pouvons accorder à ses paroles. Une échelle de comparaison. Si quelqu'un peut nous y aider, c'est bien vous, il me semble. Vous devez admettre que mes démarches penchent essentiellement en votre faveur, puisqu'elles visent à vous dégager de tout soupçon, en toute connaissance de cause. (Doucereux.) Si vous préférez, si vous préférez réellement une bonne enquête bien bruyante, bien ostensible, avec votre secrétaire, vos clients, voire votre femme projetés sous les regards salaces du public attentif, libre à vous... Les ragots ne manqueront pas, une masse de ragots malveillants et stupides, ceux dont vous parliez la dernière fois. Allez-y, si le cœur vous en dit, mais je ne vois pas ce que vous pourriez y gagner.

Ce n'était pas mal combiné. Si je ne faisais pas une réponse intelligente, j'avais l'air cuit, quoi que je puisse décider. J'ai allumé une cigarette.

— Monsieur Van der Valk, écoutez bien ce que j'ai à vous dire. (Vous m'avez jovialement signifié que vous étiez tout oreilles.) Vous avez une attitude déplorable, typique, je suppose, du comportement de la police. Vous me menacez à coups de mystères, et quand je fais mine de me protéger, vous me mettez la publicité sous la gorge. Je refuse de me laisser intimider par cette histoire de dénonciations et de témoins relevant de la plus pure invention. Je ne vois pas ce que vous espérez gagner en m'importunant de la sorte, et apparemment je ne peux pas y mettre fin sans m'attirer les pires ennuis. Très bien, continuez ainsi, entre deux maux choisissons le moindre. Parlons, puisque c'est le seul moyen dont je dispose de vous convaincre que vous perdez votre temps. C'est à vous de savoir si vous voulez passer votre vie à vous suspendre à ma sonnette. Je vais étudier le problème de la façon dont les citoyens exerçant une profession délicate peuvent se protéger eux-mêmes contre le zèle du premier bureaucrate venu. Si vous comptez déborder le cadre de la conversation pour aller fouiner dans mes livres ou dans mon ménage, vous devrez vous munir d'une autorisation légale que je ne manquerai pas de contester. Me suis-je bien fait comprendre ?

Vous vous êtes levé en riant.

— Je suis d'accord. Tout ceci reste entre vous et moi. Juste un petit entretien amical de temps en temps. Le médecin et son malade. (Vous teniez la poignée de la porte.) Qui est qui, de nous deux, hein, docteur ?

Vous êtes sorti, agité d'une gaieté idiote. J'ai continué à fumer tranquillement, j'ai envoyé un écran de fumée derrière vous, sans me soucier de politesses.

Votre témoin, est-ce une pure invention ? N'avez-vous vraiment pas peur que je porte plainte ? Vous devez savoir que vous en perdriez votre place, le cas échéant, votre attitude étant criante de vulgaire malhonnêteté. Donc, vous êtes sûr de vous. Vous êtes certain que je ne prendrai pas le risque d'une enquête officielle et de la publicité qu'elle entraînerait. Vous savez jouer au poker. Je ne peux pas me permettre de laisser courir l'affaire jusqu'à ce qu'elle s'essouffle d'elle-même : tôt ou tard quelqu'un perdrait la tête et se mettrait à pousser des glapissements qui suffiraient à me compromettre. D'un autre côté, il vous est impossible de prouver que j'ai tué Casimir. Cela, j'en suis sûr.

Qui peut bien être ce témoin? Quelqu'un que vous ne pouvez pas utiliser légalement, puisque vous faites toutes ces manières?...

Peut-on concevoir que ce soit Béatrice?

Il doit y avoir quelqu'un. Sinon, vous ne me provoqueriez pas si intrépidement à porter plainte contre votre indéfendable attitude. Vous avez un atout dans la manche.

VIII

Le soir où Cabestan est venu, j'étais seul. Ce pouvait être une coïncidence, mais il pouvait aussi le savoir. Je pense maintenant qu'il voulait juste pousser un pion, quitte à développer son offensive suivant ma réaction. J'ai bien voulu le recevoir, de toute façon, par curiosité. Cet homme que je haïssais, que je redoutais, qui avait déjà une influence imprévisible sur ma vie, j'avais envie d'essayer de le mieux comprendre. Lui, son genre de vie que j'enviais. N'est-ce pas absurde? Quoi qu'il en soit, je n'avais aucun engagement pour la soirée. Pas de client, pas de maîtresse, pas de concert. Nous sommes à Amsterdam. Il n'est pas question, alors que ce serait possible dans n'importe quelle ville allemande de la même importance, de se dire : « Rien à faire ce soir? Alors, allons à l'Opéra. »

Béatrice était sortie, évidemment. Quand elle n'est pas ici à jacasser avec ses pareils ou à regarder son programme de télévision, elle sort, tous les soirs. Du diable si je sais ce qu'elle fait. Je suppose qu'elle cultive ses intellectuels. Elle fréquente toutes sortes de personnages creux, prétentieux, qui doivent tout à un caprice de la mode — prétendus peintres et écrivains, très probablement du genre de ceux qui se donnent eux-mêmes les noms d'« animateurs » ou de « meneurs de jeu » à la télévision. Ces excursions, dit-elle, lui font « garder le contact avec le courant de la pensée moderne ». J'ai renoncé depuis longtemps, naturellement, à essayer de lui expliquer qu'on pouvait appeler « courant » un écoulement verbal sans pour autant lui rien conférer de moderne ni de pensé.

Je ne dis pas cela par vanité, remarquez. Je ne prétends guère être moi-même un intellectuel, et sûrement pas moderne, même en ce qui concerne mon travail. Tous les médecins vous confirmeront que les découvertes scientifiques des causes inconnues d'une maladie, ou de nouveaux médicaments, sont plus souvent impressionnantes qu'encourageantes. Ils vous diront aussi que tous les asiles psychiatriques d'Europe sont bourrés de trois fois plus de gens que prévu.

Et pour ce qui est de penser... je peux dire que j'ai de la lecture. Quoi que vous imaginiez, toute mon énergie, toute ma curiosité, ne sont pas monopolisées par la séduction des femmes, à laquelle je vais jusqu'à consacrer environ un pour cent de mon temps. Il y a des gens qui tirent plus de plaisir du fait de comploter, de se cacher, d'organiser des rendez-vous secrets, que de leurs pâles adultères. Je ne suis pas de ceux-là. Mon plaisir, c'est la musique. J'assiste peut-être à la moitié de tous les concerts et récitals qui se donnent à Amsterdam, et qui sont souvent fort bons.

Vous avez dû être intrigué de découvrir que je n'ai pas d'amis. C'est vrai, mais l'amitié est une chose rare. J'ai deux ou trois amis de ma profession, avec qui je parle médecine ou musique. Mais j'ai un caractère fermé. Personne ne sait rien de moi. Là, mon ami — croyez-moi, je prends le mot en toute conscience — vous aurez tiré à blanc. Pensez-y, que cela vous plaise ou non.

Évidemment, j'ai besoin d'affection. Vous seriez surpris de savoir combien on m'en donne.

Casimir a sonné à la porte de devant, et je l'ai fait entrer moi-même. Il n'avait pas prévenu. Il comptait bien me trouver seul, il devait savoir qu'aucun domestique n'a jamais été logé. Béatrice a toujours été stérile dans tous les sens du terme, il n'y a jamais eu d'enfant à garder.

Casimir était là, dans le hall, en train de bredouiller et de faire ses grimaces. J'ai pensé qu'il était préoccupé par quelque chose qu'auraient pu dire ou faire les ouvriers qui devaient réparer le toit. J'espérais qu'ils n'avaient pas trouvé de nouvelles caries : j'aime cette maison et je serais très contrarié qu'on y touche, qu'elle ne soit plus la même.

Je l'ai fait entrer dans mon cabinet. Je m'y sens beaucoup plus en privé que dans cette idiotie de « salon » dont se flatte Béatrice, au premier étage. C'est une excellente idée du vieux Munck, de réserver aux seuls patients la porte de devant. Un passage vitré mène à la porte de derrière, dont la sonnette donne dans la cuisine pendant la journée (la nuit, c'est le chauffeur — il préfère qu'on l'appelle ainsi plutôt que jardinier — qui répond, ou sa femme, du pavillon du garage). Pour seul changement, j'ai fait monter Mlle Maas à l'étage pour faire de la place à ma salle de bains. On peut trouver cela compliqué, mais c'est inévitable pour un médecin qui pratique sous son propre toit, chose que je préfère au système anglais selon lequel quatre ou cinq médecins groupent leurs cabinets dans un même immeuble. Cela n'implique aucun empiétement sur le domaine privé. Béatrice prétend que, depuis que les patients ont l'occasion de monter à l'étage, ils font semblant de se tromper de chemin pour jeter un coup d'œil dans sa chambre. Je ne fais pas attention ; n'importe où, elle dirait le même genre de choses. Et s'il nous arrive de recevoir, donc d'avoir besoin de la porte d'entrée, de l'escalier, et de ce foutu salon, c'est prévu d'avance et je n'ai pas de rendez-vous. Tous les médecins s'arrangent de façon semblable, et ce n'est jamais un drame.

J'ai fait asseoir Casimir dans le fauteuil, j'ai pris place à mon bureau. Je lui ai offert le coffret à cigarettes, car par miracle il n'était pas en train de fumer. Il en a pris une goulûment.

— Eh bien... Les réparations ont été faites ? Plus d'autres ennuis avec le toit ?

— Non... non. Je crois qu'ils ont remplacé quelques tuiles. Je suppose que vous voudrez vous rendre compte par vous-même.

— Non, cela ne présente pas le moindre intérêt.

J'ai dû être un peu acerbe ; toujours est-il que Cabestan avait l'air éberlué. C'est exactement le genre de personne qui accuse la bonne d'avoir volé le rouleau de papier collant. S'il était aussi riche qu'Onassis, il passerait son temps à faire toutes les salles de bains, pour coller ensemble des petits bouts de vieilles savonnettes.

— Pourquoi donc vouliez-vous me voir ?

Il se tortillait dans sa veste de tweed, comme si ses cheveux lui chatouillaient le cou.

— C'est à un... euh, sujet personnel, oui.

Moi aussi j'ai allumé une cigarette, afin de moins sentir son relent de gin et de dents gâtées.

— Puisque vous vous êtes dérangé pour me voir, vous devez savoir pourquoi.

— Oui, évidemment. C'est très important. C'est que... euh... (Je le regardais sans rien dire. En toute honnêteté, je ne me doutais de rien.) Ce qu'il y a c'est que, il y a quelque temps, un soir, j'étais dans le jardin.

— Et puis-je vous demander, non seulement ce que vous faisiez dans mon jardin, mais comment vous y étiez entré.

J'ai été surpris de sa réponse pitoyable, grotesque, bien sûr, mais ce devait être la vérité.

— Je ne suis plus très jeune, et je crois que j'ai des peurs paniques irraisonnées, et j'ai été saisi par l'idée qu'il pourrait y avoir le feu, et que si je me trouvais en haut et que... (C'était laborieux.) Je ne pourrais jamais arriver à... il y aurait le feu dans l'escalier, vous comprenez, et... (Il n'en pouvait plus.)

— Est-ce que vous me demandez de vous construire une sortie de secours, ou bien de vous donner mon avis sur vos peurs paniques ?

— Oui, mais ce n'est pas ça le plus important.

— J'ai bien peur de devoir vous refuser la sortie de secours. Si vous trouvez ce logement trop isolé, vous feriez aussi bien d'en chercher un autre. Alors qu'y a-t-il d'autre ?

Pour un grand couard, sa réponse fut très cynique.

— J'ai peur, c'est vrai, mais vous comprenez,

je prends de l'âge, et je sais, évidemment, que je bois vraiment beaucoup, et j'ai des soucis d'argent, et je crois que le mieux ce serait vraiment que vous me fournissiez régulièrement une petite somme d'argent.

Alors seulement, la lumière se fit dans mon esprit. Après tout, je suis neurologue. Les gens qui viennent me tenir des discours incohérents de radotages et de peurs irraisonnées sont légion.

— Ah ? Et à votre avis, qu'est-ce qui vous autorise à prétendre que des sommes d'argent régulières constitueraient le meilleur traitement, vu votre âge et vos infirmités ?

Il va de soi que Casimir avait sa réponse prête depuis un bon moment.

— Ce que j'ai vu dans le jardin. (Avec un pâle sourire délabré.)

Non seulement il y a des stores vénitiens, qui couvrent toutes les vitres de la véranda où est installé mon cabinet d'examen, mais, en plus, des rideaux. Et puis, pour entrer dans le jardin, même la nuit, il faudrait se livrer à une difficile et dangereuse escalade. Casimir n'avait pas ce que l'on pourrait appeler une silhouette athlétique. Quoi qu'il ait pu voir ou imaginer, ce serait difficile à croire.

— Remarquable ! ai-je dit sans plaisanter. Je ne suis pas psychiatre, monsieur Cabestan, mais vous seriez bien inspiré d'essayer de comprendre que votre histoire ne tient pas debout. Je puis vous assurer qu'un médecin qui fait son métier n'a rien d'un pot de miel destiné à attraper les mouches.

Il rougit, par plaques.

— Vous avez tort de le prendre sur ce ton. (Piqué.) Ce que je sais sur vous vous fera bientôt rire plus jaune, quand ça se saura. (Il essaya de faire tomber ses bas de pantalon effilochés sur ses chaussures et clopina grotesquement vers la porte.) Je vous laisse vingt-quatre heures, pas plus, pour réfléchir. Après cela... l'Ordre des médecins, et la presse. Je ne pense pas qu'il sera besoin de faire les frais d'une communication téléphonique avec la police, une fois que ce sera public. Vous avez vingt-quatre heures. Je serai chez moi. Vous n'aurez qu'à sonner à ma porte quand vous aurez vu de la lumière, demain soir à la même heure.

— Au revoir, monsieur Cabestan, ai-je dit poliment. Souvenez-vous de ce que je vous ai dit : un psychiatre serait plus compétent.

Je l'ai regardé partir, et je l'ai observé derrière les rideaux. Il était sur le trottoir, en train de marmonner et de gesticuler tout seul. Quand j'ai entendu le claquement rageur de sa porte d'entrée, qui se trouve seulement à un mètre, comme vous le savez, du coin de mon cabinet de consultation, je me suis assis pour réfléchir.

Non, réfléchir n'est pas le bon mot. Je n'étais pas si brillant. J'avais peur et j'étais hors de moi. Il est effrayant de découvrir que quelqu'un dispose de quoi faire chanter quelqu'un et en est capable ; la tentative elle-même produit un sale choc nerveux, et puis il y a la peur, une incertitude agaçante, pénible, parce qu'on ne sait pas de quoi il s'agit. Que savait-il, ou plus exactement, combien en savait-il ? Combien ? La peur au ventre, j'ai d'abord pensé à Suzanne. Je suis allé regarder le jardin, puis je suis revenu à mon bureau et je me suis servi une petite ration de cognac. J'étais déjà un peu plus calme. Il ne pouvait pas avoir de preuve directe. Tout ce qu'il pouvait savoir ne tenait qu'à ce qu'on avait bien pu lui raconter — qui, pourquoi ? cela me dépassait, pour le moment. Personne ne croirait Cabestan. Je ne le pensais pas réellement dérangé mentalement, du moins au sens médical, mais il était en mauvais état, irrésolu et sujet à caution, peut-être pas vraiment louche, mais personne ne pouvait se sentir enclin à lui faire confiance. Excepté les jeunes filles innocentes, ai-je marmonné aussi frénétiquement qu'il aurait pu le faire lui-même. Mes pensées, qui étaient presque en paix, se retournèrent soudain sur la haine irrésistible que je ressentais envers Casimir. Un moment, je considérais calmement qu'aucune personne sensée ne le croirait sur parole, ni même ne l'écouterait. Le moment suivant, je serrais le cou de la bouteille de cognac. J'ai bu quelque peu, alors. Cela m'a fait frissonner, car je ne suis pas buveur. Un verre avant d'aller me coucher, tout au plus. Encore une fois, mes pensées trébuchèrent et changèrent de direction, sans me demander mon avis.

Casimir — j'en suis venu, ces dernières semaines, à ne plus penser à lui que sous ce prénom ridicule — avait été effrayé, lui aussi. Frustré, mais surtout effrayé de sa propre audace. Il faisait un maître chanteur plutôt affolé. Cela ne l'en rendait-il pas encore plus dangereux ? Manifestement, et je me suis demandé comment il en était venu à me détester autant que moi je le détestais. Combien de gin avait-il dû boire pour calmer ses nerfs et ses genoux vacillants, après m'avoir quitté ? Beaucoup. Sûrement assez pour le rendre complètement soûl, complètement amorphe.

C'est à ce moment-là que le désir a pris possession de moi. Je ne peux rien dire d'autre : une soif.

Dès qu'on y pense, ça passe dans tout l'organisme. Dans la gorge, dans la bouche, dans l'estomac, dans la tête, dans les mains, la soif, brûlante.

Avez-vous déjà eu envie de tuer un homme, Van der Valk ? Il est concevable, il est même très probable, en tant que policier, qu'il vous est déjà arrivé de pointer une arme à feu sur une silhouette fugitive. Quand vous avez pressé la détente, aviez-vous envie de tuer ? Ressentiez-vous cette soif ? J'ai entendu dire que dans certains cas, le seul fait de presser la détente déclenchait instantanément un orgasme. Cela ne me concerne pas. Je ne me souviens que de cette soif insupportable... Envie de tuer. Dites-moi, avez-vous eu envie de tuer ?

A partir de là, mon esprit s'est mis à travailler rapidement et facilement. Il fallait réagir le plus vite possible. Le chantage, je l'avais déjà oublié. Ce n'était plus qu'un tout petit mécanisme, quelque chose comme une amorce. La charge explosive, c'était ma haine.

Si je le payais de paroles, et même si je lui donnais une grosse somme que je pourrais toujours projeter de récupérer plus tard, Casimir allait se méfier. Il aurait peur, et il essaierait de prendre des mesures propres à protéger sa misérable existence. L'Ordre des médecins ? Non, pas tant qu'il penserait avoir la moindre chance d'obtenir de l'argent. Mais peut-être une troisième personne. Difficile à savoir, tant que je ne savais pas non plus ce qu'il avait pu apprendre. Mais il allait certainement fonder de grands espoirs pendant vingt-quatre heures, en attendant que je monte son escalier. Il ne me connaissait pas, il ne savait pas de quelle férocité, de quelle détermination j'étais capable. J'étais sur le point, semblait-il, de contrer M. Cabestan avec une promptitude qui allait sans doute le surprendre autant que moi.

Deux heures après son départ, j'ai pensé qu'il avait eu le temps de sécher assez de verres. Sonner à sa porte ! Apparemment, M. Cabestan avait oublié, si peu que je me sois jamais soucié de ses faits et gestes, que je possédais un double de ses clés. Je suis encore resté assis un long moment, sans allumer, laissant mes yeux s'habituer à l'obscurité. J'ai fini mon cognac, j'ai dégusté un cigare. Oui, dégusté. Puis j'ai rassemblé, toujours dans le noir, une seringue hypodermique, une paire de gants chirurgicaux, une bouteille de gin, autant d'argent que j'ai pu trouver, et deux ou trois ustensiles de ménage tout à fait ordinaires. Une demi-heure plus tard, Casimir, qui avait été assez idiot pour se cuiter, poussait le dernier soupir. Il n'avait eu conscience de rien, d'un bout à l'autre. Je doute fort qu'il ait même senti l'aiguille pénétrer. Puis j'ai pris le temps de chercher, en gardant les idées claires, tout ce qui pouvait traîner, oublié par lui, pas par moi, et qui me désignerait. Je n'ai rien trouvé, et j'ai pensé que je pourrais chercher plus tranquillement d'ici un jour ou deux.

Je suis descendu. Béatrice était rentrée et s'était couchée, sans penser un instant que je pouvais être en train de marcher tout doucement, juste au-dessus de sa tête. J'ai défait ma cravate et je suis allé à la cuisine boire un verre de lait chaud. Au lit, j'ai repassé les événements en revue, mais je me suis vite endormi. La pensée de Suzanne elle-même ne me faisait plus souffrir, elle avait été effacée, ou plus exactement excisée sous anesthésie.

Vous allez me dire que je suis médecin, vous

allez me parler de conscience professionnelle. En tant que médecin, n'ai-je aucun sens de la valeur — du caractère sacré, émotionnellement parlant — de la vie ? Je crois que ce n'est pas le médecin qui a tué Casimir. Je crois même que ce n'était pas l'homme. Je crois que Casimir a été tué par le jeune étudiant qui était amoureux de Suzanne, à peine plus âgé qu'elle de deux ou trois ans. Un adolescent. Au temps de l'adolescence, on ne ressent rien de ce poids de la vie. C'est pourquoi les adolescents font les seuls soldats valables. Un adulte qui serait bon soldat ne peut être qu'un esprit borné, rigide, et j'en suis certain, déséquilibré ; avec la plupart des caractéristiques du psychopathe.

IX

Le surlendemain matin, vers dix heures et demie, j'étais en train de boire une tasse de chocolat entre deux consultations dans un chaleureux rayon de soleil, quand Mlle Maas est entrée. D'abord cela m'a étonné, car elle ne vient jamais me déranger dans mon travail sans une bonne raison. J'ai pensé qu'un patient avait dû se décommander ; n'oubliez pas que je suis très pris par ce métier que j'aime. Tout simplement, je ne pensais plus à Casimir.

— Excusez-moi, j'ai pensé que je devais vous en parler. Il y a un jeune homme dehors qui s'agite pour quelque chose qui concerne le pensionnaire.

Mlle Maas cultive quelques petits snobismes

inoffensifs, et elle a toujours désigné ainsi Casimir, c'est-à-dire à peu près une fois par an, quand mon conseiller fiscal s'occupe de ma déclaration et en arrive au calcul des taxes foncières, etc., de mon troisième étage.

— Je crois que nous devrions intervenir, docteur. Il paraît que le pensionnaire ne répond pas quand on sonne, déjà depuis hier, et le jeune homme craint qu'il soit arrivé quelque chose. J'ai pensé que nous avions des clés, elles doivent être dans le coffre. Je pourrais peut-être y aller moi-même, ou bien chercher un agent de police ? Mme Van der Hulst est dans la première salle d'attente.

— Cela me semble raisonnable, mademoiselle Maas.

Le mystère était éclairci quand je suis réapparu à l'heure du déjeuner. Mlle Maas avait parqué la police, qui étouffait en grand uniforme par un temps pareil dans la deuxième salle d'attente (où j'ai remarqué que la femme de ménage n'avait pas été très consciencieuse, ce matin).

— Je m'excuse beaucoup de vous déranger, monsieur. Votre secrétaire nous a bien aidés, elle nous a dit tout cc qu'il fallait. Seulement, comme vous êtes le propriétaire de la maison, monsieur, j'ai pensé qu'il valait mieux que je vous explique...

— J'ai peur de ne pas avoir la moindre idée de ce qui est arrivé : j'ai été pris par mes malades toute la matinée. Pouvez-vous m'informer en quelques mots ?

— Je m'excuse, bien sûr, monsieur. Je crois bien que le monsieur d'en haut est mort. Il paraît qu'il n'était pas en bonne santé, et puis qu'il avait trop bu, et qu'il buvait toujours trop. Peut-être qu'il est tombé, et puis qu'il n'était pas capable d'appeler ; il n'y a pas le téléphone, et puis c'est là-haut. Le médecin de la police est venu. Une crise cardiaque, sans doute la nuit d'avant-hier. On l'a emmené. Il y a juste les biens et effets, c'est sur votre propriété, monsieur. Oh ! je vous rends les clés ; excusez-moi, j'ai oublié de les donner à la dame.

— Tout cela est désolant. Je ne le connaissais presque pas, mais il faisait partie de cette maison avant même que je m'y installe. Est-ce qu'il a de la famille, des gens ?...

— Je ne peux pas vous dire, monsieur. Le jeune homme qui est venu le connaissait, mais il a dit qu'il ne savait rien. Je me disais que vous auriez su, peut-être.

— Non, je n'ai aucune idée, mais je me sens un peu responsable. Peut-être par sa banque ?

— C'est une possibilité.

— Au cas où la banque voudrait envoyer quelqu'un, je m'efforcerais de l'aider de mon mieux.

— Vous êtes bien aimable, monsieur.

J'ai pris les clés, j'ai envoyé Mlle Maas déjeuner en lui disant qu'il vaudrait mieux que j'aille jeter un coup d'œil, et je suis monté. Cette fois, la marche qui craquait ne m'a pas troublé : il me faudrait simplement jouer les hypocrites mondains pendant une journée, bien consciencieusement. La police s'était contentée de fouiller rapidement, à la recherche d'un indice permettant de limiter les embêtements. Pas plus que moi l'avant-veille, elle n'avait découvert le magnétophone. Le fil du micro devait être exactement assez long pour descendre par la fenêtre jusqu'au coin de la véranda.

Oui, un minable espion amateur... Je me suis assuré que Casimir n'avait rien laissé d'autre, heureusement ; on trouvait ses cachettes en marchant tout droit.

C'était une affaire sans intérêt au sens propre, et la banque m'envoya un minet, un petit jeune homme écervelé qui rampa devant moi avec des formules toutes faites. Nous avons épluché tous les papiers. J'étais sûr qu'il en sortirait quelque chose, mais il n'y avait rien. Nous avons seulement déniché un cousin en province, à qui téléphoner pour qu'il s'occupe de l'enterrement et prenne les affaires... Tout était très simple. Le lendemain, j'ai appelé le directeur de la banque, qui m'a confirmé que le compte était vide. J'ai donné des instructions à Mlle Maas pour qu'elle envoie des fleurs, ce dont elle s'est certainement acquittée avec son goût et sa délicatesse habituelles.

X

Vous aurez saisi, mon cher Van der Valk, que j'ai tué Casimir, en un sens, afin d'hériter de son appartement — je pourrais presque dire de sa vie. Cet appartement me fascinait.

Naturellement, je me suis donné un prétexte, ce n'était pas un problème. Je ne pouvais pas laisser ce logement inoccupé, et je ne voulais pas de nouveau locataire. Je ne pense pas que vous serez le moins du monde surpris si je vous dis que je me suis pratiquement installé là-haut, même si j'ai prétendu n'y monter que de temps en temps. Je n'ai rien eu besoin d'y changer. Le cousin de province avait décidé que ces meubles ne valaient pas le déménagement, et proposé lui-même de les laisser au prochain locataire. Le brave homme.

Il n'y avait rien sur les bobines du magnétophone. C'est-à-dire qu'il y avait des bribes de conversation, cela va sans dire, il m'arrive d'ouvrir les fenêtres, mais ce n'était qu'un bredouillement inaudible. On aurait pu y reconnaître ma voix, et d'autres beaucoup plus féminines, parfois reconnaissables — pour moi — comme celle de Bella ; mais pas de conversation criminelle. Je ne sais pas pendant combien de temps Casimir a essayé de faire marcher son truc, mais si opiniâtre qu'il ait pu être, il n'a pas eu beaucoup de succès. En fait, il n'était encore arrivé à rien.

D'ailleurs, à quoi aurait-il pu arriver ?

Bella est une femme délicieuse. Peut-être un peu trop bruyante, mais chaleureuse, charmante, amusante. Elle ne vous en met pas plein la vue avec son intelligence, son éducation manque un peu de fini, c'est exactement le contraire de Béatrice. Elle n'est pas sotte, elle ne manque ni de personnalité ni de valeur, ni du talent qui lui a permis de s'intégrer parfaitement dans ce milieu, celui des grandes affaires. Son mari est administrateur d'une banque d'affaires, plus d'importants intérêts financiers. C'est un homme d'une soixantaine d'années, quelque peu desséché, mais pas inintéressant. Je le connais un peu, pour l'avoir soigné. Il n'en demande pas beaucoup à sa femme, sinon de faire preuve d'aisance et d'amabilité, de savoir recevoir, ce dont elle doit se tirer fort bien, j'imagine. Elle sait se montrer charmante, animer une conversation, et je suis sûr que sa table, son bar, ses bouquets sont de la meilleure venue.

Elle est venue me trouver avec les classiques troubles nerveux d'une jolie femme énergique de quarante ans qui manque d'activité. Elle se plaignait d'affections banales, comme la constipation chronique, commune à toutes ces femmes. Elle a un médecin de famille très coté, qui m'envoie souvent des clients : il est très consciencieux et très occupé, et puisqu'ils sont bourrés d'argent, il me les envoie. Je les lui rends toujours, une fois guéris.

C'est une des femmes pour qui j'en suis venu à cultiver une réelle tendresse. Il est certain que Bella m'a largement payé en retour, mais au début, je n'ai vu en elle qu'une femme à mon goût. Je me souviens du plaisir que j'ai eu à la voir venir, la première fois : ce radieux sourire qui lui allait si bien, cette voix enthousiaste, son snobisme naïf, son goût des petites choses les plus simples — elle m'a semblé si charmante. Tout ce qui m'attire chez une femme, elle le possédait ; elle était comme un gâteau entier. Tout ce qu'elle a lui va bien, ses fourrures, son parfum, la dentelle soyeuse de ses sous-vêtements de prix. Sa silhouette est toujours et encore admirable. Et il y a en elle ce juste mélange de croyances paysannes et de petites rigidités morales insignifiantes. Elle me plaisait infiniment, avant même d'apprendre à l'estimer.

J'ai appelé Bella au téléphone, et elle est venue pour un *check-up*. Tout allait bien, elle était splendide. Elle a fait cliqueter affectueusement ses bagues sur ma joue.

— Vilain, m'a-t-elle dit avant de filer à la salle de bains.

— Comment va Suzanne ? lui ai-je demandé comme elle en revenait en rentrant ses armes dans son sac à main.

— Très bien. Un peu fatiguée, oui, mais je suis sûre qu'elle va rapidement s'en remettre. Il y a toujours du nouveau, à cet âge; on oublie vite.

— Aucun arrière-goût désagréable ?

— Pas le plus léger.

J'étais soulagé. Casimir n'avait pas osé, ou n'avait pas été à même de présenter à Bella aucune requête visant à assurer confortablement ses vieux jours.

Et voilà, je n'avais plus rien à craindre. Jusqu'à votre apparition.

Nous en sommes à votre troisième visite. Au cours des deux premières, j'avais eu le vague sentiment que vous pourriez me démasquer, un beau jour. Au cours de celle-ci, pour la première fois j'ai acquis la certitude que vous aviez compris. Pas seulement que vous étiez capable de comprendre.

Brusquement, vous avez demandé à voir le logement de Casimir. Je vous avais demandé de ne pas fureter dans les coins, mais je ne voyais pas comment vous refuser satisfaction.

— Vous avez sans doute un double des clés, n'est-ce pas ? (Vous le saviez, évidemment; c'était dans le rapport de police.)

— Bien sûr; elles sont même dans ma poche. (De toute façon, vous auriez vu que je les tirais de ma poche.) Il fallait réaménager les lieux. Il y avait un tas de vieilles saletés là-haut.

Nous avons pris l'escalier.

— Il m'arrive de venir y passer un moment moi-même, ai-je laissé tomber fraîchement (je n'allais pas vous laisser croire que vous me preniez au dépourvu).

— C'est un refuge ? (Vos yeux bleus aiment la rosserie.)

— Un jeu, plutôt. Je n'avais jamais mis un pied ici, vous savez. J'ai été agréablement surpris, et j'ai décidé de ne pas reprendre de locataire. L'inconvénient, c'est cet interminable escalier.

— Il faudrait que ce soit un escalier en spirale. Vous auriez l'impression de monter dans un phare. (On aurait dit que vous vous parliez à vous-même.)

» Et qui fait le ménage ? C'est vous, aussi.

La vie de tous les jours, même dans ses détails les plus ordinaires, a énormément d'importance pour vous, je m'en suis rendu compte.

Vous avez rôdé à droite et à gauche, vous êtes allé vous pencher à la fenêtre, sur le jardin. Juste au-dessous de vous, vous pouviez voir le déboîtement de la véranda, et je me suis demandé si vous pourriez avoir l'idée de cet idiot de Casimir avec son magnétophone.

Vous vous êtes assis sur le divan, la chose la plus étroite et la moins chère qu'on puisse trouver dans les grands bazars. Je couche là deux ou trois fois par semaine, et je ne tenais pas à dormir dans le lit de Casimir, cela s'entend. Ma propre chambre à coucher est beaucoup plus confortable, seulement Béatrice est derrière la porte. Je dors très bien, ici, en haut.

Vous étiez sur le divan, en train de feuilleter l'un de mes « livres de chevet ». Ceci — je sais, c'est un peu tiré par les cheveux — avec quelque chose comme du respect. Je ne pense pas me tromper complètement. Moi aussi je vous étudiais, et j'avais soudain le sentiment d'un lien entre nous. Encore plus lorsque j'ai remarqué avec amusement que vous n'aviez plus du tout l'air d'un policier, mais seulement de quelqu'un qui aime les livres, lorsqu'un livre lui tombe entre les mains. A ce moment-là, je peux le jurer, vous étiez à cent lieues du crime et des criminels. Vous aussi, je sais, vous pensiez à ce qui nous rapprochait. Je me suis dit alors que vous ne tenteriez pas de m'arrêter, malgré toutes les évidences que vous pourriez avoir, avant d'être allé jusqu'au bout de cet effort que vous faisiez sincèrement pour comprendre, même si vous deviez vous passer de tout ce que vous ignoriez, de tout ce que vous ne sauriez jamais.

N'est-ce pas seulement pour vous aider en ceci, et seulement en ceci, que je me suis mis à remplir tout cet épais classeur?

Ce n'est pas le besoin d'être compris. J'ai été assez clair, là-dessus. C'est plutôt l'amitié qui existe entre deux combattants. Je n'ai jamais eu d'ami de ce genre, parce que je n'ai jamais été soldat; pour ce qui est de mon service militaire, j'ai d'abord été ajourné, puis réformé. Peut-être aussi parce que je n'ai jamais donné ce qu'il faut donner à une amitié. Est-ce qu'il faut avoir souffert ensemble? Je ne sais pas, je tâtonne, je suis totalement étranger à ce genre de choses.

A présent, vous feuilletiez un livre que j'avais récemment acheté, à cause de la coïncidence : l'auteur a le même nom que moi. C'est un Hollandais d'Afrique du Sud, devenu Anglais par la suite, mais sans jamais perdre l'emprise de son pays d'origine, un certain colonel Van der Post. Le titre du livre est banal, d'une modestie voulue, sans doute. Mais ce nom, assez courant en Hollande, est vraiment la seule chose que je partage avec l'auteur. Je n'ai jamais été dans l'armée, il va sans dire que je ne suis jamais devenu Anglais, je ne suis jamais allé en Afrique, sinon à Tunis, une fois, en vacances — puis-je employer l'expression « lune de miel » ? — je n'ai jamais été dans une prison japonaise, je n'ai jamais escaladé une montagne, je ne me suis jamais forgé d'amitiés. C'est peut-être en cela que ce livre me fascine.

Vous tourniez les pages, vous essayiez de retrouver quelque chose.

— Quelque part il y a une lettre à sa femme. Non, une lettre de sa femme — voilà, j'y suis.

Quand vous avez un livre entre les mains, quand vous le lisez, votre voix perd sa professionnelle monotonie.

— « Il me semble que ce qui importe plus que jamais, ce doit être la vie privée des gens, leur vie personnelle. Pour moi le futur dépend entièrement de la façon dont les gens mènent leur vie personnelle plutôt que leur vie collective. C'est là une question de la plus extrême urgence. Quand nous sommes venus à bout de notre propre vie, de nos problèmes personnels, alors seulement nous pouvons envisager l'étape suivante, la vie collective. »

Vous m'avez regardé sérieusement, l'espace d'une minute, vos rides graves ont réapparu, avec deux profonds sillons de chaque côté de la bouche. J'ai pensé que vous aviez l'air fatigué, et meurtri, et que vous n'étiez plus très jeune, bien que vous ayez plusieurs années de moins que moi.

— On a tout le temps d'y penser, avez-vous dit avec amertume.

Nous sommes redescendus dans mon cabinet, et vous êtes allé récupérer votre chapeau de flic au portemanteau. Et votre allure de flic. Et votre sourire.

— *Bye-bye*, docteur. Vous êtes un patient très patient.

XI

Si cela ne tourne pas rond, je ne pense pas qu'il faille en incriminer Béatrice. Il y a gros à parier qu'elle sait que je séduis mes clientes, encore qu'elle n'y ait jamais fait la plus petite allusion. C'est une espionne des plus accomplies. Je suis sûr qu'elle serait capable de vous prendre au petit jeu que vous jouez avec moi.

Mais je ne saurais imaginer qu'elle puisse être votre témoin. Étant donné sa famille de juristes et de magistrats, elle connaît tous les détours de la loi, sans compter qu'elle peut obtenir discrètement toutes les précisions voulues. Elle saurait se tenir à l'abri. Ajoutez encore à cela que la renommée de sa famille se trouverait entachée par mon éventuelle déchéance. Ces messieurs-dames seraient vraisemblablement compromis. Non, elle dispose de toutes sortes de subtilités ecclésiastiques, elle ne ferait jamais une telle chose. J'y ai sérieusement réfléchi.

Cela peut-il être Suzanne ? Dans ce cas, je suis plumé, vidé, farci, prêt à rôtir. Car Suzanne, vous comprenez, a été mon seul vrai crime. Je me suis souvent demandé si Béatrice, qui pouvait très bien connaître Bella, n'avait pas arrangé les choses de façon que Suzanne rencontre Casimir. Je ne sais pas. Après tout, elle étudie l'esthétique, elle a pu rencontrer Casimir n'importe où. Elle m'a dit elle-même que la nouvelle génération le considérait comme très démodé, très factice. Elle s'est efforcée de me cacher qu'elle le connaissait ; je ne l'ai appris que par accident.

Sans Suzanne, il n'y a pas crime ; ou plutôt, sans

Suzanne, il n'y aurait pas eu crime. Tout le monde dira que ma conduite est extrêmement répréhensible, que je suis un être nuisible ; vous le savez aussi bien que moi, c'est du boniment. C'est terrible, nul doute que je sois rayé de l'Ordre des médecins avec de chagrines formules de haute volée. Mais je n'ai jamais fait le moindre mal à aucune de ces femmes. Permettez-moi de dire que j'ai fait du bien à la plupart d'entre elles. Cela a un effet thérapeutique définitif. J'ai peut-être écorché la morale. Criminel, jamais. D'ailleurs, ne soyons pas hypocrites. Examinez la vie privée de vingt autres médecins comme vous avez examiné la mienne, et vous aurez des surprises. Le penchant qu'ont les femmes envers leur médecin... Remarquable, mon cher inspecteur. Si j'ose dire, cela vous est même peut-être arrivé, à vous.

Quoi qu'il en soit j'ai honte de moi-même.

Il y a menée criminelle, bien sûr, avec les enfants qui ne sont pas légalement d'âge nubile — je ne connais pas la terminologie officielle. Je suis d'accord, c'est de la perversion. Cependant, Suzanne était bien développée pour ses seize ans bien sonnés. Mentalement parlant, Van der Valk, mentalement, au cas où vous trouveriez à ce que j'ai dit de quoi rire en dessous.

Un jour, il y a de cela quelques mois, Bella est venue me trouver, dans tous ses états.

— J'ai besoin de ton aide. Je sais que je peux te faire confiance et que tu es mon seul ami qui puisse m'aider.

Son ami ! Entre Bella et moi, il y a énormément de tendresse, quelques confidences, quelques plaisanteries, et une considérable quantité de plaisir. Pense-t-elle à cela comme à de l'amitié ?

J'ai allumé une cigarette pour elle. Elle avait l'air plus succulent que jamais, comme une pêche qui sans être trop mûre vous éclaboussera le menton dès que vous la mordrez.

— Si je peux faire la moindre chose...

— C'est pour ma fille, c'est pour Suzanne. (J'ai froncé les sourcils.) Elle a à peine seize ans. Elle est enceinte. Il faut que je te demande — non, je t'en supplie... (Je devais avoir l'air désapprobateur.) Tu vas faire quelque chose ? Est-ce qu'il faut que j'appelle les choses par leur nom ?

— Mon petit, tu me demandes là quelque chose de très difficile, dont je n'ai pas l'habitude.

Vous pouvez vous étonner mais c'est vrai. On m'a souvent soumis la même requête, comme tous les médecins, n'est-ce pas ? Chaque fois, j'ai coupé court. Premièrement c'est criminel, oui, je le dis sans hypocrisie.

Deuxièmement, c'est délicat. Je peux le faire en toute sécurité, bien sûr, sans aucun risque ; ce n'est pas ce que je veux dire. Je veux dire qu'il y a toujours des fuites. Il est inévitable que de telles pratiques s'ébruitent largement.

Enfin, j'ai une objection personnelle. Une objection morale. Oh ! non, pas celle de la morale conventionnelle, pas celle des moralisateurs qui n'ont jamais été confrontés avec la réalité. C'est plutôt un sentiment personnel qui m'interdit de pratiquer ce genre de chose. Béatrice est stérile, voyez-vous. Permettez-moi d'être tout à fait honnête. Elle a toujours refusé de consulter, elle dit que ce serait humiliant. Humiliant ! Putain, putain inutile, qui a peur qu'un médecin la surprenne à douter d'elle-même. Mais je n'en ai jamais été réellement certain. Lorsque je fais l'amour, je prends les plus grandes précautions. Une ou deux fois, il est arrivé qu'une femme me demande de lui faire un enfant. Je n'y suis pas arrivé. Je ne crois pas qu'il existe nulle part un enfant de moi. Une fois, il y a longtemps, une fille m'a comblé, même si elle-même n'avait pas d'importance ; mais je me suis aperçu, par la suite, que cet enfant devrait choisir son père parmi une demi-douzaine de postulants. Il fallait deviner.

Je ne peux pas être certain de ne pas être moi-même stérile. Cela me donne une irrésistible raison de refuser d'éliminer les enfants des autres. Si je ne peux pas créer, je ne dois pas détruire. Cela a-t-il un sens, pour vous ?

Bella, cependant, avait d'autres arguments.

— Je vois bien que tu me mets dans le même panier que toutes les autres à qui tu as refusé. Celles qui ont peur de ce que vont dire les voisins. Tu vas me dire de l'envoyer accoucher à l'étranger, ou même de la marier à quelqu'un. Tu n'y es pas du tout. Il s'agit de Carl.

C'est son mari. Je ne lui avais jamais dit que je connaissais son mari pour l'avoir soigné. Je l'aimais bien, d'ailleurs. Il était venu me voir environ un an plus tôt avec de l'hypertension — je n'ai pas besoin de m'étendre là-dessus. Je lui suis venu en aide. Il m'était sympathique, justement pour la raison que je vous ai donnée : il aurait voulu avoir un enfant à lui. C'est une personne rigide, bien sûr. Il n'aurait pas couru les femmes. Bella ne désirait pas d'autre enfant. Il ne m'en a rien dit, mais il avait transféré sur Suzanne la dévotion qu'il avait pour sa femme. Il était infiniment fier d'elle, il n'avait qu'elle à la bouche — bref, l'histoire classique : l'enfant refuse cette concentration d'affection. De la part de sa mère, elle était l'objet d'une attention moins exclusive, moins intense, moins émotionnelle, et c'était justement la mère qui recevait en retour les confidences que n'obtenait pas le pauvre vieux. Maintenant, si Carl, homme d'affaires chrétien s'il en est, découvrait cette malheureuse grossesse, il était capable de prendre la petite et d'en faire de la charpie. C'était surtout cette idée-là que Bella ne pouvait pas supporter, qu'on fasse de la charpie avec sa fille.

Et quand, après une longue minute de silence, durant laquelle elle eut le bon sens de tenir sa langue, j'acceptai, ou plutôt je fis mine d'accepter, je ne précisai pas que je le faisais au moins autant pour l'homme que pour la femme, ou que pour la fille.

— Je dois en savoir plus. La petite, de son côté, est-ce qu'elle désire cet enfant ?

— Elle ne sait pas. A seize ans, comment veux-tu qu'elle sache ? Elle n'est pas du tout heureuse à l'idée de se lier au père. Je me suis renseignée, c'est quelqu'un de très déplaisant, absolument impossible. Il a abusé d'elle de la façon que tu imagines... en la faisant boire, la petite idiote, je l'avais pourtant avertie !

Je réfléchissais, avec difficulté. Avais-je conscience de décider ma propre ruine ?

— Si tu pouvais trouver un prétexte, dis-je lentement, en cherchant mes mots, pour l'envoyer me voir, je pourrais peut-être faire en sorte d'interrompre sa grossesse sans qu'elle s'en aperçoive. Elle en est à combien ?

— Deux mois et demi.

— Moindre mal. Comment est sa santé générale ?

— Bonne. Avec une légère tendance du côté anémique.

— Ça peut servir. Une fausse couche à trois mois est monnaie courante. Je dois t'avertir que cela peut parfois déterminer une tendance.

— Oh ! mon chéri, je n'oublierai jamais ce que tu fais. Je ne pouvais pas me permettre de courir le risque, tout simplement, que Carl apprenne ça. (Dans son soulagement, elle se laissait aller à avouer ce qui la tourmentait pour de bon.) Il n'aurait pas manqué de rejeter toute la faute sur moi. Et sous le coup de la colère, de la rage, de l'horreur — crois-moi, tu ne connais pas mon mari — il est capable de tout.

Ironie du sort, elle ne soupçonnait pas ce terrible mari d'être justement la cause de mon consentement. Délicatement, je ne fis semblant de rien.

— Tu peux me l'envoyer.

XII

C'était une parole fatidiquc. Une semaine plus tard, Suzanne était assise en face de moi dans le fauteuil, et j'y allais de mon petit « Eh bien, jeune fille... » J'avais tort de me croire si malin, de faire l'important.

J'ai fait l'important, j'étais même un peu égaré, au départ, parce que je n'ai guère l'habitude des jeunes filles. J'en vois peu, et je ne me suis jamais senti vraiment à mon aise avec elles. Je peux m'en expliquer, je le ferai peut-être au cours de ce récit. Ce que je ne peux pas expliquer, Van der Valk, c'est que, premièrement, je l'ai trouvée désespérément désirable, et que, deuxièmement, je suis tombé — oui, tombé, c'est le seul mot — amoureux d'elle. D'une fille de seize ans. Expliquer... Une phrase me revient à l'esprit, une phrase que j'ai dû trouver dans je ne sais quel bouquin. C'est Disraeli qui répond, je ne sais plus à quelle occasion, à un duc anglais : « Mon cher Henry, n'expliquez jamais. » Il n'y a pas de plus sage conseil. Mais je ne pourrais pas expliquer, même si je le voulais, et j'ai bien l'impression que j'en ai envie. J'en suis venu à avoir envie de vous expliquer absolument tout.

Elle était un peu anémique ; rien de grave. Je l'ai plus ou moins questionnée ; elle avait eu un certain nombre de rhumes. Puis elle m'a déclaré sans hésitation, en toute simplicité, qu'elle était enceinte.

— Oui. (Je l'examinais ; elle s'était déshabillée sans contrainte avant de s'allonger.) Il n'y a pas à s'y tromper. Eh bien, le plus important, c'est que vous soyez en bonne forme, n'est-ce pas ? J'allais vous conseiller un bon petit séjour au soleil, mais bientôt vous n'aurez pas tellement envie de vous montrer en maillot de bain. Ne vous en faites pas. Le soleil artificiel n'est pas fait pour rien.

Car je comptais lui faire un peu d'ultraviolets inoffensifs, avant de passer à des ondes plus courtes dans lesquelles je suis très versé. Un certain type de rayons X de ma connaissance ne manqueraient pas de « décrocher la timbale », comme on dit de façon ignoble.

Je ne peux pas plus expliquer la tension dans laquelle j'étais que sa brusque provocation de mon instinct. Elle a un corps splendide, exceptionnellement bien tourné pour une fille de cet âge. C'est le corps de Bella, c'est le bruit du corps de Bella, ai-je remarqué en l'auscultant. Mais je me contrôlais — je suis un médecin, malgré tout. Ma voix était aussi posée qu'à l'ordinaire, mes yeux bleus aussi candides.

Avait-elle une idée des relations que j'entretenais avec sa mère ? Peut-être Bella avait-elle été quelque peu indiscrète au moment de l'envoyer me voir ?

Avait-elle eu l'intention d'exercer son pouvoir sur moi ? Ses récentes expériences lui avaient-elles inculqué un juvénile et cynique mépris des hommes en général ? Je n'en ai aucune idée. Je ne peux pas dire. Cassez-vous la tête là-dessus, si le cœur vous en dit.

Car elle m'a délibérément encouragé, et j'ai perdu la tête.

Tout ce que je peux dire, c'est que cela a duré un mois, le temps de son traitement. Elle, elle semblait indifférente. Moi, c'était la passion. Je la prenais furieusement. Je me conduisais comme une bête, comme cela arrive parfois dans les restaurants de grand luxe. Et je l'aimais. En un sens, je n'avais jamais aimé personne.

Un mois. Puis elle a simplement cessé de venir. C'est Bella qui est venue, le jour suivant, pour me dire que Suzanne avait fait une fausse couche sans complications, sans douleur. Elle était grandement soulagée, elle ne cessait de le répéter. Carl n'avait rien su, le médecin de famille n'avait rien su, elle avait tout arrangé, et elle serait éternellement reconnaissante. Pour me montrer combien elle l'était, reconnaissante, elle fonça dans la pièce du fond et se déshabilla à toute vitesse. J'aime beaucoup Bella. J'ai tâché de m'exécuter courtoisement.

Je suppose que vous avez compris. J'ai découvert tout à fait par hasard que Suzanne connaissait Casimir. Je l'ai vue, une fois, après qu'elle m'a quitté, se diriger vers sa porte. J'imaginai que Casimir — idiot que j'étais, sans aucun motif valable — ne faisait qu'un avec la personne « très déplaisante, absolument impossible » des frayeurs de Bella. Que Casimir, et personne d'autre, était le père putatif de l'enfant que j'avais travaillé à détruire. L'enfant que j'aurais tellement désiré, l'enfant que j'aurais tellement désiré avoir de cette jeune fille de seize ans...

L'ironie du sort, une fois de plus. La dernière fois, quand j'ai demandé à Bella de venir, afin de m'assurer qu'aucune tentative de chantage n'avait été exercée contre elle, je lui ai demandé d'un air désinvolte si elle n'avait plus entendu parler de l'ancien suborneur de Suzanne.

— Oh ! celui-là, non, non, Dieu merci, a-t-elle répondu sur le même ton. C'était un jeune homme du nom de Simons, que je n'ai même jamais vu, mais dont le peu que j'ai entendu ne m'a en aucune façon donné envie de le voir. Au moins, Suzanne l'a très bien compris.

Suzanne ? Depuis, je ne l'ai jamais revue. Je pense qu'elle n'a vu en moi qu'une péripétie de cette histoire. Si je regarde en arrière, maintenant, je suis à peu près certain qu'elle savait que je la faisais avorter. Et même, que sa mère l'avait expressément envoyée à moi dans ce but. Et finalement je ne serais même pas surpris si on me disait maintenant que cela lui soulève le cœur de penser à moi.

Je crois, inspecteur, que cet épisode tombe sous le coup d'actes criminels infamants. Vous ne croyez pas ? Je n'en tire aucune fierté.

Et pauvre vieux Casimir. J'aurais pu me contenter de lui dire d'aller au diable. Avec son magnétophone, et ses jumelles bon marché, et ses oreilles collées aux portes. Toutes les paroles qu'il a prononcées dénonçaient en lui le pauvre vieux chien galeux qu'il était devenu. Personne n'aurait prêté attention à lui une seconde. Je n'avais pas le moindre besoin de le fouler aux pieds de cette façon frénétique, de faire disparaître un pauvre bougre inoffensif dont le seul plaisir consistait à plonger dans l'immeuble d'en face, où les dactylos qui se changent avant de partir montrent de temps à autre un petit bout de culotte. Il n'était pas plus criminel que moi.

Une idée vient de me frapper. Je pense, maintenant, que Casimir me haïssait, et pour les mêmes raisons que moi je le haïssais. Puisqu'il espionnait, il aura vu Suzanne sortir de chez moi. Sachant ce qu'il savait, il a dû sauter sur la conclusion que je l'avais séduite. Je pense, maintenant, qu'il devait l'aimer, de façon ridicule, absurde, comme je l'aimais moi-même, comme je l'aime toujours.

En tuant Casimir, est-ce moi que j'ai tué ?

XIII

En ce moment je suis en haut, en toute solitude, dans l'atelier de Casimir. On dirait que l'été est mort soudain de mort violente. Il fait froid, et la pluie bat les vitres avec acharnement. Je me rends compte que le petit radiateur à gaz ne devait pas chauffer assez, en hiver. De plus, il produit un sifflement exaspérant, aussi ai-je préféré allumer le petit poêle à pétrole de Casimir. J'ai dû fermer les fenêtres, et la pièce a rapidement manqué d'air, sinon d'odeur. J'ai changé : il y a un mois, il m'aurait été impossible, avec mes narines délicates, de tenir cinq minutes enfermé dans cette pièce. Aujourd'hui, je me demande si je n'y prends pas plaisir. Mon nez est toujours aussi sensible, comme celui d'un enfant...

Ne nous laissons pas aller à ce genre de glissade. Je me suis promis d'éviter le boniment prétendument psychanalytique au moyen duquel on bourre les romans d'indélébiles souvenirs d'enfance et de jeunesse. Avec, en fond sonore, l'auteur qui s'applaudit généreusement lui-même, l'imbécile. « Ce que je peux être intelligent ! » Il est persuadé que cela va nous faire avaler toutes les sottises, toute la suffisance, toute la gratuité minablement réunies en une minable fiction qui ne vaut pas le papier qu'on y a gâché.

Il y a pourtant du vrai là-dedans, hélas. Il y a des moments de son enfance que l'on n'oublie jamais, aussi insignifiants soient-ils. Pourquoi s'en souviendrait-on si ce ne sont pas ceux qui nous ont marqués à jamais ? Pourquoi ceux-là particulièrement ? Je n'en sais rien, je suis comme tout le monde. Mais je vous ai dit, au cours de l'épisode précédent, que je voulais vous fournir toutes les données qui vous manquent pour tirer vos propres conclusions. Il n'est toujours pas question de vous expliquer quoi que ce soit, Henry.

En fait, je doute qu'on puisse isoler avec précision les heures ou les journées qui ont bâti notre personnalité. Il doit être pourtant possible, avec un peu d'entraînement, de dégager quelques points de repère. Si on prend cette pluie, là, en ce moment. C'est l'été, et le beau temps a été désarticulé, comme une branche foudroyée un soir de chaleur. Un ciel bouché, une grosse pluie d'orage, avec un fort vent d'ouest et le thermomètre tombé à quatorze degrés. La dernière fois que j'ai vécu une journée semblable, ou du moins la veille, j'avais sept ans, j'allais à l'école en suivant les rues propres, rectilignes, bordées d'arbres, de la petite ville de mon enfance. Il n'y avait pas de bus à portes automatiques, évidemment, mais de vieux tramways à plates-formes. C'était notre grande fierté, à nous les enfants, de terminer le parcours sur le marchepied et de sauter en marche trente ou quarante mètres avant l'arrêt. Les plus grands savaient évaluer à la perfection la vitesse à laquelle ils pouvaient sauter, proportionnellement aux risques encourus de se faire attraper par les oreilles et de rester douloureusement prisonnier de la main crasseuse d'un vieux receveur jusqu'à l'arrêt complet du véhicule (terrible humiliation qui n'épargnait personne). Pensez à ce que pouvait ressentir ce colonel de parachutistes qui s'est brisé la cheville en sautant au-dessus de Diên Biên Phu ! Et pour nous, pour les « sept ans », les grands étaient effectivement auréolés du prestige des paras. Je n'avais jamais osé sauter moi-même, je restais dans le groupe des pauvres gosses timorés qui devaient attendre, l'oreille basse, que le vieux tram ait brimbalé jusqu'au bout. Un matin, ce matin, j'ai sauté — à une vitesse que seuls les grands seigneurs de onze ans auraient pu se permettre. Il fallait absolument que je m'envole, vous comprenez.

Le coup à prendre, c'était de savoir donner les

trois ou quatre coups de pied qui permettent de ne pas succomber à la vitesse acquise. Je ne l'avais pas. J'ai rebondi à angles droits, en tournoyant et en trébuchant dans tous les sens, à la merci d'un espace rendu au chaos, le caniveau m'a attrapé par les jambes et je suis allé m'étaler sur le trottoir en donnant brutalement de la tête contre une corbeille à détritus en fer-blanc, et non pas, par bonheur, contre le lampadaire de fonte enguirlandée auquel elle était accrochée. Quelques braves femmes me relevèrent et me transportèrent dans une boutique, où un boucher au grand cœur me déposa sur son marbre et m'aspergea d'eau froide. Je revins à moi et ressentis un violent haut-le-cœur.

— Pauvre petit agneau ! disaient les bonnes femmes, sans penser un instant à celui qui était accroché au-dessus de moi.

— Ça va aller ? demanda le boucher avec une grande douceur. Où tu habites, fiston ?

J'ai dû le lui dire. Il avait une camionnette Citroën (oui, c'était une Citroën, je m'en souviens très bien). Il m'a installé à l'arrière, sur des sacs plus ou moins propres qui sentaient le sang frais, et ce doit être ce relent de tuerie qui m'a rendu à nouveau malade. On est arrivé à la maison, et ma mère a commencé à s'affoler. Nul doute que la vue du boucher l'ait calmée. Elle s'est souvenue qu'elle avait suivi récemment de très glorieux cours de premiers secours aux blessés. (Des cours du soir étaient organisés dans les bâtiments du lycée, encore plus ténébreux, plus terrifiants, sentant encore plus l'urine après la tombée de la nuit, mais j'avais remarqué que les adultes ne prêtaient guère d'attention à ce genre de choses.) Elle diagnostiqua fort judicieusement une commotion générale, me couvrit de compresses, m'administra un traitement interne de tilleul-aspirine, et me mit au lit.

Nous habitions alors une grande villa prétentieuse — ce ne fut que vers mes dix ans que nous devînmes « pauvres ». C'était une grande rue paisible où seuls des garçons livreurs portaient des paniers. Il y avait des pignons, des tourelles, et un jardin avec des chênes verts et un hêtre rouge. C'est pourquoi la villa s'appelait Les Hêtres (pluriel qui entendait bien confirmer le courant snobisme selon lequel on faisait passer les pavillons de banlieue pour des pied-à-terre campagnards : la villa voisine de droite s'appelait Normandie, celle de gauche Montreux, et toutes deux avaient des courts de tennis). En tant que vrai trésor, seul garçon, et petit dernier, je disposais de ma propre chambre ; la « tour », avec des fenêtres en ogives et un plafond octogonal.

Le lendemain — c'est-à-dire le jour de la pluie — je suis resté au lit. A part une légère migraine, j'étais en pleine forme. Quand ma mère a eu fini de faire l'affairée avec son plateau et a quitté ma chambre sur la pointe des pieds, je me suis assis. J'ai avalé tout de suite les deux biscottes qu'on m'avait laissées, je me suis débarrassé des infectes compresses refroidies, et j'ai pris un livre. J'ai connu là, avec la pluie qui tambourinait sur les vitres de la tourelle — mon nid-de-pie en haut du mât — le plus beau jour de ma vie. Tout seul, dans mon repaire, où je me sentais chez moi. En plein bonheur, entre deux pensées imagées autrement plus hautes en couleur, je me représentais de temps en temps les autres petits gosses qui étaient en train de souffrir devant leurs encriers, sous les lampes globuleuses qui levaient d'âcres et nauséabondes bouffées de poussière chaude. Je haïssais l'école. J'avais la terreur de l'école.

J'étais un enfant nerveux, fragile, timoré. J'étais bon en lecture et en orthographe, et je savais ma « récitation » par cœur avant que les autres aient dépassé le point-virgule du deuxième vers. Mon cauchemar, c'était les chiffres. Aujourd'hui encore, je reste sec sur neuf fois sept et sur sept fois huit. La virgule décimale, pour moi, c'était une petite manie inventée par des sadiques érudits et fous furieux. Des rangées entières de zéros auxquels il n'y avait rien à comprendre empoisonnaient ma vie à doses quotidiennes. Le fameux « passage de la première à la deuxième décimale » avait pour effet de m'envoyer au fond de la classe et de me vouer aux souffrances de la dérision. Je ne sais pas ce qui me serait arrivé si j'avais dû me débattre comme un petit Anglais avec des livres, des shillings et des pennies.

Tous les jours, on avait une « maxime ». C'était la première chose que le maître écrivait au tableau, le matin en entrant, d'une superbe écriture automatique, tout en haut ; elle y restait jusqu'au matin suivant, jusqu'à ce qu'elle soit effacée par une hiératique main fort velue, jaillie d'une soutane luisante, et armée de quelque chose qui ressemblait à une brosse à habits, sauf que les poils en étaient remplacés par une espèce de tampon. Cet instrument, je le vois encore, je me souviens de ce tissu laineux, bleu et blanc, cousu au fil ciré.

Quand on faisait ses devoirs à la maison, il fallait commencer par écrire son nom et son prénom en haut de la page, en s'appliquant encore plus, puis la date, puis la devise des jésuites, A.M.D.G., et enfin la « maxime » que nous avions copiée le matin dans notre cahier de brouillon. A cette époque, j'étais déjà parti en guerre contre toutes les maximes de la terre, et j'avais horreur de ça. J'avais du mal à contrôler mon écriture, on n'y comprenait rien, et ma note était toujours diminuée pour manque d'enjolivures dans les majuscules, ce qui dénonçait une grave lacune.

Enfer et damnation ! Un soir d'hiver, je me suis aperçu que j'avais oublié la maxime, sans laquelle vos devoirs ne méritaient qu'un zéro pointé. Voilà bien ce système d'éducation : le travail lui-même ne comptait pour rien, tant que des gamins de sept ans n'étaient pas imprégnés à fond d'une littérature de bonnes sœurs revue et corrigée par un solide bon sens à la Bernadette Soubirou.

Ma mère était intransigeante. Il a fallu que je reparte là-bas, sous les arbres fantomatiques et détrempés, il a fallu que je traverse toute la cour dans le noir, que j'entende mes pas résonner contre les sombres et puants chalets (les cabinets, c'est-à-dire les chambres à gaz d'Auschwitz). Je suis entré dans un bâtiment qui était encore ouvert, parce que, à l'autre bout, on était encore en train d'instruire les grands à coups de marteau entre leurs oreilles sales. Je me suis faufilé dans une classe vide, à la lueur économique de l'ampoule électrique du couloir, qui devait faire quinze watts. Et j'ai trouvé la maxime au tableau, toujours aussi stupide et suffisante. Je suis rentré aux Hêtres en courant comme un fou, secoué de sanglots hystériques tout le long du chemin.

Le lendemain matin j'avais mon zéro, de toute façon : je m'étais trompé de classe.

XIV

Ce doit être au cours de l'année suivante, puisque j'étais en classe 2, qu'il m'est arrivé un jour d'avoir tellement la frousse de ne pas savoir mes tables de multiplication que je ne suis pas du tout allé à l'école. A l'heure dite, bien sûr, j'ai quitté la maison, mon cartable sur le dos. Mais je me suis installé dans la haie de rhododendrons où j'ai passé sans encombre toute la sainte journée, avec pour seul dérangement les nombreux et bruyants passages du garçon boulanger qui faisait trépider le sol à trente centimètres de ma tête et qui ne cessait de siffler. J'étais infiniment fier de cet exploit, et mon audace me souffla un facile mensonge quand il me fallut dire à l'école que j'avais été chez le dentiste. Dans l'année, j'ai refait le coup encore deux fois. Je ne souffrais pas du tout de rester allongé pendant des heures sur un amas de feuilles humides. Vraiment, aucune prison ne me semblerait bien pénible, aucun gardien bien sévère, même aujourd'hui.

Au-dessus de l'âge de sept ans, on ne vous punissait plus en vous tirant les oreilles ou en vous lâchant un revers de main au milieu de la classe : on vous envoyait avec un billet chez le préfet de discipline, vieux tyran qui tournait indéfiniment autour de la cour avec son bréviaire. En dernière classe de section préparatoire, avec nos onze ans et nos poussées de poil aux pattes, nous soutenions qu'en réalité, à l'intérieur de son bréviaire, il avait des petits journaux.

Quand il nous fallait remettre un de ces billets à ce vieux personnage crayeux (il n'y avait aucun moyen d'y couper, car il nous fallait présenter un second billet, au retour, au maître qui avait décidé de la cour martiale), il fourrait son recueil de petits journaux dans une poche latérale de sa soutane, prenait sévèrement connaissance du billet, puis entraînait le criminel vers son bureau, petite pièce blafarde agrémentée d'un secrétaire à cylindre extraordinairement travaillé. Ce trajet jusqu'au bureau constituait le pire du châtiment. Car pour les enfants comme pour les adultes, la lenteur de la justice est celle de la torture.

D'une poche arrière, car ces soutanes étaient ingénieusement prévues pour le transport des armes secrètes (les manches étant bourrées de grands mouchoirs cléricaux et crasseux), il tirait alors une invention jésuitique manufacturée à grands soins, au fini impeccable, du nom officiel de férule. C'était un objet brillant de cuir noir surpiqué, quelque chose comme une semelle de chaussure très étroite, aussi souple et nerveuse qu'un athlète noir. On tendait alors ses mains pour un « deux-fois-deux » ou un « deux-fois-quatre », selon la gravité du délit. Il était conseillé de garder les mains molles et un peu creusées, mais certains héros les présentaient bien raides ; les deux méthodes étaient tout aussi douloureuses. J'étais fréquemment battu pour rêvasserie, inattention, dissipation, souvent pour manque de respect et parfois pour scélératesse, comme lorsque je découvris qu'en avalant une certaine quantité d'air je pouvais ensuite rendre toute la classe hystérique au moyen de forts coups de vent. J'obtins un « deux-fois-six » pour manque de respect, incitation au désordre, obscénité, et ce crime très grave qui est connu dans l'armée, je crois, sous le nom de mutisme insolent.

Nous divisions le temps en décades : on est un enfant jusqu'à dix ans, un jeune garçon jusqu'à vingt, un jeune homme jusqu'à trente. Après cela, on est un homme tout court pour trente ans, jusqu'au soixantième anniversaire, c'est-à-dire, j'en ai peur, jusqu'au début de la sagesse et de la décrépitude. A dix ans, mon père m'a offert mon premier stylo, un beau, noir avec une agrafe en or véritable. « Or véritable » sonnait bien mais signifiait, je crois, plaqué or bon marché.

J'avais maintenant franchi les premières étapes de l'enseignement des jésuites — préparatoire, élémentaire, expérimental — et j'étais en théorique. Devant moi s'étendaient encore rhétorique, puis toute l'école supérieure dont j'ai oublié le nom des classes, sauf deux qui étaient beaux : poésie et philosophie. Ce fut en rhétorique que je fus l'objet du seul témoignage de sympathie que j'aie jamais connu de toute ma scolarité, du seul acte réellement intelligent.

J'avais à peu près les meilleures notes de la classe, mis à part un garçon juif nommé Gold. Je me demande pourquoi on l'avait envoyé dans une école catholique, encore qu'il ait eu de magnifiques cheveux blonds et une morphologie quasiment aryenne qui aurait fort convenu à Heinrich Himmler. Il ne cherchait jamais à nier ni à cacher ses origines. Il était bon en gymnastique, ce en quoi je l'enviais amèrement; pour moi, la gymnastique — ces barres terriblement parallèles, ces cordes, ces mâts de cocagne sans récompense, cette odeur de pieds et d'acide phénique — c'était l'enfer. La boxe, ça pouvait aller, à ma propre surprise, et Gold et moi nous nous lancions dans de furieux combats. Une fois, il m'a à moitié arraché l'oreille gauche, et j'en garde encore une petite cicatrice. C'était mon ami, vous l'aurez deviné.

Ses parents étaient riches, et il est arrivé un jour avec un dictionnaire français tellement neuf, si brillant et si merveilleux, que je fus dévoré de désir. Je le lui ai volé, en pensant que justement le fait qu'il fût neuf me mettait à l'abri des soupçons. Hélas ! le maître fit son enquête et tomba sur le nom de Gold écrit en tout petit au crayon dans le coin interne gauche de la dernière page. Je me souviendrai toujours de ce maître. Il ne fit aucune remarque en public. Il m'envoya simplement à Gold pour lui avouer mon vol et lui rendre son dictionnaire. Et il m'en donna un autre, aussi neuf, aussi brillant, qu'il était allé acheter lui-même entre midi et deux heures.

J'ai dit que cet homme avait été mon seul et unique professeur doué d'intelligence. C'est dur à admettre, mais dans les classes supérieures je n'ai rencontré que cuistrerie. Il n'y avait rien qui pût donner à un enfant le moindre plaisir en quoi que ce soit, ni en dehors ni à l'intérieur du programme. Pour un collège jésuite, j'étais peut-être mal tombé. J'ai retenu peu de chose de ces années, à part quelques épisodes grotesques. Par exemple l'embarras du prêtre avec Victor Hugo. J'étais toujours bon en lettres et mauvais en algèbre. A la fin de l'année je recevais des prix (du genre *La Vie de Nelson*), et des blâmes pour avoir été incapable de tracer le contour exact de l'empire de Charlemagne sur la carte d'Europe. Je faisais de fréquents aller et retour au bureau du préfet de discipline, et d'autres à celui du préfet des études où le châtiment, s'il n'était pas corporel, n'en était pas moins désagréable et durait plus longtemps. Je m'y entendais dire que ma famille bénéficiait de tarifs réduits, et faisait de durs sacrifices, et que, en conséquence...

Nous étions en train d'étudier *Booz endormi*, morceau toujours très utile aux esprits pédants pour l'illustration du réalisme de Victor Hugo, et nous en arrivions au vers où Ruth est endormie avec les seins nus.

— *Seins*, marmonna l'esprit pédant, cela signifie... euh...

— Les seins, dit Gold, qui avait une vie de famille très sophistiquée.

— La poitrine, suggéra un autre gamin.

— Les tétons, fut-il lâché *sotto voce* au fond de la classe par une grande asperge, avec un gros clin d'œil destiné à corrompre quelques garçons de quinze ans par des voies aussi innocentes que hasardeuses.

— Le thorax, dit fermement le pédant en cherchant son mouchoir dans sa manche, le thorax ! (Comme pour nous provoquer.)

Gold me donna un coup de pied sous la table, je ricanai, et fus aussitôt envoyé en justice chez le préfet.

XV

Je n'ai que de vagues souvenirs de mon père. C'était un homme grand et fort. Il avait fait fortune en tant qu'ingénieur des mines en Indonésie. Il s'y était gâché la santé. Il souffrait de rhumatisme articulaire aigu, et aussi d'un mal tropical qui le plongeait dans de sombres dépressions à intervalles réguliers. J'imagine qu'il devait être furieux à l'idée que son corps le laissait tomber.

Je suis né en Indonésie, mais je n'avais pas trois ans quand nous sommes revenus en Hollande. Mes sœurs, bien plus âgées que moi, pouvaient parler de la vie plus facile et de tous les charmes des pays lointains. Quant à moi, aucun mot de malais n'est venu déranger ma placide enfance à la hollandaise. Mon père avait placé son argent dans toutes sortes d'exploitations minières, et nous vivions, comme je vous l'ai dit, dans une vaste et hideuse villa qui convenait parfaitement à un rentier prospère.

Cela jusqu'au moment de la dévaluation. Les actions de mon père s'écroulèrent. Ma mère, qui aimait dramatiser, ne cessait de répéter que nous étions pauvres comme des rats et que nous allions bientôt nous retrouver dans la rue avec une chemise sur le dos. Je ne me rappelle pas avoir souffert de grosses privations. Nous n'en sommes jamais arrivés aux tartines de margarine, comme beaucoup d'autres. Mais la maison fut vendue, très mal, certainement, et nous emménageâmes dans un logement exigu situé dans un de ces nouveaux quartiers créés pour la « classe laborieuse ». Je pense que mon père en souffrait. Il s'en allait marcher dans la campagne, avec son allure de gentleman-farmer un peu empâté, mais ni le polder, ni les dunes de sable, ne pouvaient le consoler de la forêt, de la jungle.

Je crois que c'était quelqu'un de très gentil : il faisait du dessin botanique. Il croquait un petit chemin, et il y dessinait des fleurs des champs. Il faisait cela à la maison, lentement, minutieusement, à l'encre de Chine et au pastel. J'en possède quelques-uns. Ils sont plutôt maladroits et naïfs, mais j'ai pour eux de la dévotion.

Ma mère aussi était quelqu'un de gentil. Vous voyez, c'était très bizarre entre moi et mes parents. Je leur témoignais de l'affection, ils m'en témoignaient en retour, mais j'ai toujours eu conscience d'un vide entre nous.

Elle était très jolie, spontanée et bavarde. Elle venait d'une famille importante d'administrateurs coloniaux ; un de ses oncles était gouverneur général. Mais sa famille l'avait plus ou moins reniée lorsqu'elle s'était convertie au catholicisme. Elle nageait dans la ferveur émotionnelle avec toute la joie inconditionnelle des convertis. Son grand charme et son intelligence étaient gâchés par une fastidieuse niaiserie. Elle remplissait la maison de bondieuseries, d'images saintes et de petites bouteilles d'eau bénite. Elle brandissait un énorme missel et un terrible rosaire en bois du Mont-des-Oliviers. Elle m'empoisonnait la vie avec celle des saints, et invitait des curés à venir boire du sherry à la maison.

Bien que nous soyons devenus pauvres, elle continuait à cultiver un certain snobisme naïf. Elle ne savait pas faire la cuisine, ni tenir une maison, et ce n'était pas de sa faute, entourée qu'elle avait toujours été d'une armée de domestiques. Mais indubitablement, j'en souffrais. On ne se privait pas tellement, ai-je dit, mais on souffrait. J'allais à l'école la plus coûteuse. (Mes sœurs avaient fréquenté de coûteuses institutions, mais, étant beaucoup plus âgées, elles en avaient fini avant que survienne la dévaluation.) J'étais petit et chétif, trop dorloté, je manquais de défense. On m'envoyait à l'école mal habillé. Mes compagnons faisaient du tennis, mais nous étions trop « pauvres » pour acheter une raquette de tennis. Ils avaient de coûteuses bicyclettes ; moi non.

On leur payait des vacances, nous ne pouvions pas nous le permettre. Ils portaient des vêtements chics et des chaussures souples. J'allais en classe en godillots, et ma mère était fière des économies qu'elle accomplissait. Je n'ai jamais pu pardonner la raquette de tennis. Il m'est également difficile d'oublier les culottes de coton informes qui pendaient indécemment devant moi, et les ricanements des autres enfants dont les solides culottes de flanelle étaient décorées des badges de leurs clubs de natation. Il m'arrivait d'être invité chez des gens riches, par exemple quand je passais l'après-midi ou même la journée chez les Gold, poussé par ma mère. Je me vois encore monter dans leur grosse Talbot étincelante, avec mes godillots, entortillé dans mes shorts de coton. De quoi mourir. Gold lui-même était trop gentil garçon pour faire des commentaires. Son père et sa mère aussi me traitaient gentiment. M. Gold était commerçant en fourrures et fumeur de cigares (toujours un sourire en coin). Mais les autres enfants me faisaient remarquer, avec leur cruauté naturelle, les snobismes et les économies de ma mère.

Mon père ne se rendait pas compte de ces choses-là. Il avait une foule de vêtements, un peu vieux mais bons pour la vie. Quand j'ai imploré une bicyclette pour mes treize ans, il m'en a acheté une, choisie parmi les meilleures. C'est peut-être à cause de cette bicyclette, et du stylo en or véritable, que je garde plus d'affection pour lui que pour ma mère, tout à fait injustement. Elle pouvait être extrêmement bonne, mais parfois j'aurais voulu qu'elle aille rejoindre ses saints, là-haut, et qu'elle me fiche la paix.

On ne me permettait pas de me lier avec les enfants plus pauvres, ceux qui portaient des godillots ; ma mère disait qu'ils avaient un accent vulgaire et probablement la teigne.

Avec les filles, évidemment, je n'avais aucune espèce de contact. Les filles ne tournent guère autour des collèges de jésuites. J'eus dix-huit ans et obtins une bourse d'études à la Faculté avant d'avoir jamais eu l'occasion de parler à une fille. Ceci, Van der Valk, vous semble extraordinaire, et invraisemblable, mais je vous assure qu'il en est ainsi.

De fait, si je jette un coup d'œil sur ces pages, je me rends compte que je suis légèrement amer. Cela est normal : en dépit de beaucoup de plaisirs solitaires j'ai eu une enfance inutilement tourmentée et douloureuse.

Il y a quelque chose d'inutilement stupide dans cette combinaison du « standing » et des économies de bouts de chandelle, ainsi que dans l'indifférence de mon père, ponctuée de brefs et soudains accès d'une générosité probablement honteuse. Tout cela élargissait le vide.

Mon père est mort pendant ma première année universitaire. Il n'était pas au mieux avec sa famille, dont je ne me rappelle guère qu'un sinistre frère barbu et une sœur fanée qui étaient venus au cimetière. Je n'étais pas très ému, hormis une vague pitié. Le vide était devenu trop grand.

Ma mère alla vivre chez sa sœur, ma tante Mathilde, à Voorburg, dans les proches environs de La Haye (le mari de ma tante, promis aux plus grands honneurs coloniaux, était mort jeune au service administratif de Djakarta). Si ma mère avait choisi cette solution, c'était pour retrouver l'atmosphère de sa jeunesse. Les deux sœurs parlaient du bon vieux temps en buvant du thé avec leurs amis, car Voorburg est plein de veuves coloniales pensionnées et de vieux gentlemen à la retraite, aussi encombrés de décorations que leur maison l'est de peaux de panthère et de poupées malaises. Mais il me fut donné de comprendre que ma mère mettait ainsi chaque sou de côté pour la poursuite de mes études. Je n'en étais guère impressionné, ni particulièrement reconnaissant. Je vivais dans une respectable pension — si je m'en souviens ! — à Amsterdam, près du Muséum, dans la Luykenstraat. Désormais j'eus assez d'argent pour les livres, les vêtements nécessaires, voire pour quelques distractions à bon compte au cas où il y en aurait eu.

On m'avait envoyé à la Faculté des arts, à la dénomination aussi plaisante qu'obscure, pour y accomplir mes humanités. Car mes professeurs avaient signalé que les langues, mortes et vivantes, constituaient ma seule force. Tant il est vrai qu'il ne serait pas venu à l'idée de ma mère de me préparer à gagner ma vie. Je n'avais moi non plus, à dix-huit ans, aucune notion des réalités.

Gold, qui restait mon seul ami, demeurait meilleur que moi, et dénigrait mes « arts ». Il allait entrer en médecine. Et ce fut de lui, au cours de ma première année d'indépendance, que j'attrapai le virus. Je me mis à consommer tous les ouvrages médicaux qui me tombaient sous la main, et l'année suivante, au grand effroi de ma mère, je me lançais dans la préparation à médecine.

C'était l'année de Munich. Pas fou, papa Gold

s'installa au Canada trois mois plus tard, son fils avec lui. Mme Gold versa une larme quand je vins leur dire au revoir. Elle m'aimait bien, et je crois qu'elle me comprenait encore assez. Elle m'offrit un chèque de cent livres — cent livres ! — sur son compte personnel, et papa une pince à cravate que je porte encore. Trois ans plus tard, Gold s'engagea dans l'armée canadienne. Ironie du sort, il fut tué en Hollande, juste au moment de la Libération. Je ne l'avais jamais revu, alors que je n'avais pas quitté Amsterdam de toute la guerre.

Béatrice m'attend pour dîner, mais je n'irai pas. Au contraire, je me propose de faire ce que je n'ai jamais fait. Je vais aller dîner dans un self-service. Il y aura de la musique, et je choisirai n'importe quoi, par exemple une salade russe et des frites. Cela ferme très tard, je vais en profiter à mon aise. J'emporterai un livre de poche, par exemple un Simenon, et je le lirai sur la table, en buvant de la bière. Je me demande ce que pourrait bien penser quelqu'un qui me connaîtrait et qui me verrait dans un self-service à dix heures du soir, en train de manger de la salade russe avec des frites, en buvant de la bière, et en lisant un Simenon imprimé sur du papier hygiénique, posé sur le bord de l'assiette.

Que penseriez-vous ?

Cela vous plairait-il de me voir frayer avec le bon peuple d'Amsterdam, ce même « peuple » qui choquait tellement ma mère ? Vous-même, vous en êtes. Vous voyez, je ne suis pas si stupide, malgré tout.

Ma jeunesse, oui. J'avais vingt ans, et je désespérais d'en jamais finir avec ma virginité. Aujourd'hui, les garçons n'ont aucune difficulté à trouver des filles de leur âge et à coucher avec elles. En Angleterre, elles portent des badges qui proclament leur accessibilité, et des contraceptifs dans leurs sacs d'étudiantes. Vous vous souvenez des éponges-mignonnettes jaunes ? C'était plutôt une conception poétique de la chose. Ou contraception, si vous préférez.

Mais à cette époque... On pourrait difficilement imaginer une ville plus provinciale et plus puritaine que l'Amsterdam d'après-guerre. Trouver une fille à mettre dans son lit, même à vingt ans, quand on fumait la pipe et qu'on parlait un ridicule jargon médical, c'était une formidable entreprise.

Naturellement, il y avait la vieille ville. Aujourd'hui, c'est devenu une attraction pour les touristes. N'importe quelle jeune fille, même seule, peut se balader en gloussant dans les petites ruelles, et risquer un œil à demi scandalisé aux « filles dans les vitrines ». Et n'importe quel garçon, pour peu qu'il ait un billet d'une livre dans sa poche, peut pousser la porte et voir la « fille » de son choix se lever péniblement afin de tirer les rideaux, poser son livre ou son tricot en soupirant, et ouvrir d'une main sa fermeture éclair pendant que l'autre est déjà tendue.

Mais vous devez savoir qu'avant la guerre la vieille ville était un lieu de légende et de terreur. Les flics eux-mêmes ne s'y risquaient pas seuls. On disait que c'était plein de vieux bandits des mers qui ne sortaient de leur trou que pour égorger et dévaliser le passant. Ça ne s'arrêtait pas là. On risquait soi-disant d'y attraper à la minute le choléra ou la maladie du sommeil, ou de tomber sur les lépreux qui agonisaient au fond des bouges puants de relents tropicaux. N'oubliez pas qu'Amsterdam était le grand port européen de l'Extrême-Orient, le dernier îlot constituant l'empire colonial hollandais, qui n'était autre qu'un archipel tropical de la dimension des États-Unis.

Il y avait bien les étudiantes. Elles étaient beaucoup moins nombreuses qu'aujourd'hui : une poignée, en littérature ou en histoire. Laides, pour la plupart, avec des espèces de chignons et des allures empotées. Elles venaient de leur province et logeaient chez un oncle ou une tante. Deux d'entre elles, pourtant, répondaient à mon goût.

Marie était blonde, avec un petit nez retroussé ; paisible et proprette sur son beau vélo, elle arrivait des quartiers chics où habitaient ses parents, du côté du zoo. Elle avait tout de la sainte nitouche. Elle assistait consciencieusement à tous les cours, et prenait soigneusement des notes, de son écriture stupide et appliquée. Je me mettais juste derrière elle et je faisais de mon mieux pour sentir l'odeur de ses cheveux, sans oser lui dire un mot.

J'admirais moins Alida, qui était moins bien faite. Elle était plus grande, moins leste, avec une ombre de moustache au-dessus de la lèvre supérieure et des mollets vigoureux. Elle avait de grands cheveux châtains tirant sur le roux, d'épais sourcils noirs et de grands yeux verts qui éclairaient son visage, et une très jolie bouche. Elle était peut-être la seule fille de toute l'université à mettre du rouge à lèvres. Ma mère aurait dit qu'elle venait du peuple. Elle vivait dans une cage à lapins récemment construite à la limite d'Amsterdam-Sud.

Après mille débats intérieurs, j'avais fini par avoir le courage de suivre Marie jusque chez elle, où nous poursuivions solennellement la conversation. Elle m'accordait poliment la réplique avec un sourire aimable. Un dimanche, je me suis habillé de façon étourdissante, j'ai astiqué mes chaussures et ma figure sans beaucoup changer de produit, et je suis allé en tremblant frapper à sa porte. A mon grand soulagement, c'est elle qui m'a ouvert. Elle paraissait surprise. J'ai bredouillé un quelconque projet de cinéma, et elle a eu l'air encore plus surpris.

— Oh !... Eh bien, j'aimerais beaucoup y aller, mais je ne crois pas que ce soit possible, merci, vraiment, ce n'est pas possible. (J'étais foudroyé.) Mon père ne me laissera jamais y aller. Il faudrait que je rentre, maintenant.

Elle m'a fermé la porte au nez. Je n'avais plus de jambes.

Par la suite, Marie continua à me sourire poliment et à me dire bonjour, et même à me demander des explications sur les cours. Le petit mystère demeura entier. Mon échec était peut-être dû à mon idée de cinéma, ou à ma religion catholique. En tout cas, j'étais de bonne famille, malgré tout.

Désormais, je vis Alida d'un autre œil. Je n'étais plus d'accord pour sonncr à aucune porte. Aussi, je rôdais dans son quartier, la nuit, et il m'arrivait de la voir revenir des commissions en courant. Lui adresser la parole me semblait impossible, du point de vue du courage requis, jusqu'au jour béni où nous avons demandé simultanément le même livre à la bibliothèque. Je fus à peu près aussi étonné d'obtenir du succès auprès d'Alida qu'un sénateur du Mississippi qui se réveillerait président. Elle était simple et spontanée. Elle ne me donnait jamais à penser que j'étais stupidement maladroit ;

au contraire, je me prenais pour un compagnon agréable. Quand il faisait beau, nous allions nous asseoir dans le parc ; ou bien nous allions nous coller dans un cinéma, les mains moites. Pendant les dernières nuits du dernier été avant la guerre, nous marchions longuement dans les rues. Nos distractions étaient des plus simples, de même que mes sentiments.

La pension où je logeais était fort convenable, et il n'aurait su être question d'y faire pénétrer une fille. Impossible. Aussi, prenant mes responsabilités en « adulte », je déménageais. Ma nouvelle pension était moins bien tenue, moins confortable, la nourriture y était bien pire, mais on s'y ennuyait beaucoup moins. J'y suis resté tout le temps de mes études. Chacun avait son propre pot de confiture, avec une étiquette à son nom, et il n'était pas rare de passer un pied à travers les draps. La logeuse avait son appartement au sous-sol et n'en sortait guère. Chacun possédait sa clé et allait et venait à sa guise.

A mon idée, il fallait amener Alida à se déshabiller. Je fis appel à l'art. Après avoir ingurgité une forte dose d'arguments aussi subtils que : « Mais alors, comment aucun peintre serait-il jamais arrivé à... », une Alida tremblante, honteuse, confuse se traînait jusqu'au deuxième étage et attendait en sueur sur le palier.

J'avais une boîte de peinture à l'eau, dont j'usais comme de peinture à l'huile, vu mon penchant pour les couleurs vives. Je faisais de mauvais dessins hésitants qui dénotaient un manque notoire de connaissances anatomiques, puis je les colorais plutôt bien, avec de splendides ombres vertes. Pauvre Alida ! Installée tant bien que mal sur mon lit, dans la position de l'*Olympia* de Manet, son visage prenait la même expression que si la couverture, sous elle, avait été chauffée au rouge. Je suppose que mon seul regard, de toute façon, aurait pu férocement réduire en cendres son corps juvénile. Elle se trémoussait tout le temps malgré mes supplications, et insistait pour se rhabiller au bout de dix minutes, si mortifiée qu'elle en oubliait de me dire de me retourner. Et je restais assis là, à me ronger les ongles.

Évidemment, elle n'a pas tenu le coup. Quand elle était nue elle était prête à éclater en sanglots dès que je faisais mine de me rapprocher, mais à d'autres moments elle respirait de façon bizarre, et je parvenais parfois à entrebâiller un petit peu ses sous-vêtements d'écolière serrés par des élastiques, qui auraient bien fait rire, disons Suzanne, aujourd'hui.

Ma jeune virilité en fut pour ses frais. Et mon intérêt pour Alida ne survécut pas très longtemps à mon entrée à la Faculté de médecine — située dans une autre partie de la ville. J'avais beaucoup de travail. Si confuse et infantile que fût ma vie affective, j'étais parmi les tout premiers dans mes études. Je m'imaginais, à l'aide d'expressions para-médicales toutes faites, qu'Alida n'était rien d'autre qu'une « demi-vierge », et par là méprisable, alors que la pauvre enfant aurait fait une bonne partenaire à n'importe qui de moins gauche que moi.

Sur ces circonstances, la guerre avait porté un grand coup à mes revenus (qui provenaient toujours d'Indonésie). Soudain, je n'avais plus pour vivre que la moitié de ce à quoi je m'étais habitué. Ma logeuse ne se troubla pas et me transféra dans une des anciennes chambres de bonne, au grenier. A ce qu'on en pouvait juger, les parois qui délimitaient chaque chambre étaient faites de feuilles de contre-plaqué assemblées à l'aide de différents papiers peints.

Dans la chambre voisine, celle de droite, vivait Evelyn. Elle était étudiante en droit. Plus âgée que moi de deux ou trois ans, elle me semblait distante, et en fait je la considérais comme une grande personne. Elle était mince et pâle, plutôt anémique, remarquablement plate, avec d'effrayantes salières sur les épaules. Il ne m'aurait jamais été donné de faire la connaissance de cette osseuse beauté — car elle avait de jolis traits et une belle chevelure blond cendré — si nous n'avions pas été en hiver 1941. Ces petites chambres... Nous nous faisions des bouillottes avec de vieilles bouteilles de gin et accumulions tous les vêtements usés que nous pouvions trouver. Ma mère m'envoya toutes les vieilles affaires de mon père. Je passais mes journées dans une merveilleuse veste de chasse en tweed, et mes nuits sous un pardessus de poil de chameau mité.

La nuit où la graisse gela dans les armes automatiques allemandes en Russie, Evelyn fit irruption dans ma chambre, bleue de froid et la figure diaphane, et me demanda penaudement si nous ne pourrions pas unir nos ressources. Ce ne fut rien d'autre qu'un besoin animal de chaleur qui nous poussa dans le même lit.

Evelyn avait deux grandes terreurs : devenir tuberculeuse et devenir enceinte. Elle prenait toutes précautions contre la seconde. Mais si je ne fus jamais autorisé à la posséder, il était convenu entre nous que je pouvais la toucher autant que je voulais.

Il me fallut attendre 1944 pour coucher vraiment avec une fille pour la première fois. Elle était aussi blonde, et aussi mince, et aussi pâle qu'Evelyn. Elle avait des végétations et un terrible accent faubourien. C'était une prostituée de la vieille ville. Elle était étonnamment gentille avec moi. J'y étais retourné deux fois, mais à la quatrième elle avait eu une fluxion de poitrine et je dus me contenter de la brune qui partageait la chambre avec elle. Elle aussi se montra gentille, mais elle ne sentait pas très bon. Et puis elle se conduisait de façon tellement professionnelle que ce fut un fiasco. Kay aussi était professionnelle, mais elle avait eu assez de sensibilité pour comprendre ma situation difficile et se montrer patiente. Elle non plus ne sentait pas très bon, c'est certain, mais cela avait été grâce à elle si j'y étais enfin arrivé. Grotesque, non ?

En 1946, mon cher Van der Valk, je devins médecin. Toute mon expérience du corps féminin tenait en ce que je viens de prendre la peine de vous raconter. Je suis passé par tous les stades connus : la collection de photos pornographiques, la lecture de la littérature spécialisée, si pauvre... Je m'inventais des histoires, par exemple avec une fille que j'avais pu voir passer à bicyclette, dont la jupe s'était accrochée, et dont j'avais pu apercevoir un morceau de cuisse. J'en avais pour ma semaine.

Je suis heureux que ma mère ait vécu assez longtemps pour me voir arriver au seuil et à la promesse d'une belle carrière. Elle avait une si simpliste vue des choses que je me plais à penser qu'elle est morte de façon simpliste et tranquille, convaincue que, la guerre terminée, la vie allait naturellement redevenir ce qu'elle avait toujours été, c'est-à-dire centrée sur le Palais du gouvernement de Batavia, même si les garçons mal élevés et les filles court vêtues de 1945 se tenaient fort éloignés de cette copie conforme.

Ce fut évidemment en Angleterre que je parvins à étudier les techniques neurologiques nées avec l'expérience de la guerre. C'était la première fois que j'allais à l'étranger, et je ne manquais pas d'enthousiasme, mais l'expérience fut malheureuse. C'était comme en Hollande, avec des tickets de restriction, des cartes d'alimentation, et partout l'austérité. Comme en Hollande, il fallait remplir des flopées de questionnaires après avoir fait la queue pendant un temps considérable. Il est vrai qu'ils étaient formulés de façon moins autoritaire et moins menaçante qu'en Hollande. Ils ressemblaient à la vie anglaise, à base d'une politesse élimée et d'une fausse humilité que je n'ai jamais pu comprendre. D'autant moins qu'en étant étranger on était automatiquement inférieur. Pourtant, je pense à l'Angleterre avec gratitude : c'est là-bas que j'ai appris à aimer les concerts.

Ma jeunesse s'acheva comme elle avait commencé, sur un fiasco. A la fin de ma spécialisation, je me suis offert mes premières vraies vacances, à Paris. J'avais de l'argent dans mes poches, et en moi un sens aigu de la liberté. Hélas ! Pauvre provincial. Je croyais que mon français était bon, il s'avéra pitoyable. Je pensais me sentir chez moi, à Paris. Combien de fois avais-je entendu mes parents parler du bon temps qu'ils y avaient passé. Ma mère y avait été étudiante. Plus tard elle y avait fait du shopping rue du Faubourg-Saint-Honoré, entre Lanvin et Hermès. Mon père avait l'habitude de dire que les seules cravates qu'il pouvait porter sans avoir mal au cœur étaient celles de chez Sulka. Ils se seraient sûrement sentis moins godiches.

Les humiliations se succédaient. J'entrais dans un restaurant chic pour m'entendre dire qu'il n'y avait pas de table, et mon imagination résonnait des ricanements des commis en tablier. Cependant je me présentais dans un autre, ne comprenais rien au menu et me voyais servir un plat parfaitement indigeste, accompagné d'une sauce écœurante de poisson pilé au cognac. Je commandais une demi-bouteille de vin, on m'en apportait une entière que je ne savais pas comment refuser. En bon Hollandais, il m'aurait semblé criminel de gâcher ce qui avait coûté si cher : je la vidais. Ce soir-là, quand je parvins à trébucher jusqu'à la sortie, je fus saisi par l'air frais de l'extérieur et je vomis tout mon dîner sur le trottoir.

Dans un hôpital, j'étais quelqu'un. J'étais un médecin, un brillant médecin. Pourquoi ma vie était-elle coupée en deux parts si différentes ? D'un côté, j'étais toujours le même garçon amer. Les statues du Luxembourg ne me faisaient penser qu'à mon enfance. J'en étais toujours au même point. Des images de ces statues, les jeunes filles de Rodin, avaient toujours jalonné ce torturant désir de connaître, de posséder, de comprendre ces corps féminins toujours entourés de mystère.

XVI

Lorsque j'ai eu écrit tout ceci — ne pourrait-on dire craché tout ceci ? — minuit était bien passé. Je me suis couché, ici dans ma tour, dans le nid d'aigle de Casimir, à l'abri de tout dérangement ou agacement, mais je ne peux pas dormir. J'ai trop remué la lie que je croyais stabilisée, et même cristallisée. La boue est remontée à la surface, et elle me laisse un arrière-goût amer auquel je ne m'attendais pas. Il est trop tard pour pleurer. Je n'ai pas pu m'empêcher de mettre tout ceci noir sur blanc, comme sous la dictée, et je ne veux plus y revenir.

Je ne veux pas vous en dire plus. Je ne vous dirai pas comment je suis arrivé à l'âge d'homme, je ne vous dirai pas comment j'ai connu Béatrice ni pourquoi je l'ai épousée, ni comment je me suis construit ce cabinet et acquis une clientèle, ni comment — ou pourquoi — je me suis mis à séduire mes clientes, et je ne vous parlerai pas des étonnants succès que cela m'a valu. Ne comptez que sur les ressources de toute votre intelligence.

XVII

Vous continuez votre petite guerre souterraine. Vous avez encore téléphoné pour un rendez-vous, je l'ai vu sur le livre. A vrai dire, Mlle Maas y est allée de ses commentaires.

— Autant que je puisse en juger, c'est un fonctionnaire de la police. A mon idée, il s'efforce de cacher aux gens, à son bureau, ce qui ne tourne pas rond chez lui ; il préfère ne pas prendre de rendez-vous d'avance, de peur que cela s'apprenne. (Elle a souri avec tolérance.) J'imagine qu'il doit constamment faire bonne figure, et en même temps vivre dans la terreur.

— Est-ce qu'il est difficile ? ai-je demandé d'un ton indifférent.

— Non, mais il demande rendez-vous pour l'après-midi du jour même avec une voix douce et implorante, comme si la réponse allait décider de son sort. A propos, j'ai demandé à Mme Marks si elle voulait bien qu'on lui change son rendez-vous ; mais je savais bien qu'elle ne voudrait pas : elle n'a rien d'autre à faire que d'aller chez le coiffeur.

Mlle Maas n'y voit rien de mal ; les excentricités des clients sont les petits événements de sa journée. Personnellement, bien sûr, je vois d'autres motifs à votre conduite. Oh ! oui, monsieur Van der Valk, je sais bien que vous cachez des choses à vos supérieurs. Quelle que soit votre conviction, vous demeurez assis dessus bien sagement.

Je sais que ce n'est pas pour faire le malin que vous jouez avec moi à ce petit jeu du chat et de la souris. Vous avez une bonne raison d'être si peu pressé. Est-ce parce que vous ne voyez vraiment pas comment vous y prendre ? Ou est-ce, plus vraisemblablement, parce que vous le savez trop bien, mais que vous ne pouvez pas me débusquer sans déclencher un scandale qui ferait rouler les têtes, qui compromettrait tant d'importants personnages ? Vous ne pouvez rien au nombre de gens en vue que je traite en toute discrétion, ainsi que cela se passe pour vous. J'ai un membre du gouvernement qui souffre de migraines. Il prend ses rendez-vous lui-même, il est aussi prudent et furtif que vous ; même sa secrétaire ne doit pas savoir.

Et la vertueuse Mme Marks... Son mari dirige une firme dont la raison sociale est un nom d'usage courant. Si on en vient plus tard à parler de mes clientes, malheur à celui qui lancera le premier mot. Je suis absolument certain que vous ne pouvez pas m'arrêter.

Vous connaissez mes points faibles. Quand vous êtes venu aujourd'hui, j'avais encore ces dernières vingt pages toutes fraîches dans ma mémoire. Et j'ai pensé que vous en saviez déjà plus que de raison. Vous vous êtes assis sur le canapé, comme vous en avez maintenant pris l'habitude. Vous vous êtes mis à tripoter une cigarette, vous avez pris le plaisir de sentir mes fleurs, et vous m'avez regardé avec une expression que les magazines féminins appelleraient « railleuse ». Je vous ai retourné un coup d'œil railleur. J'ai regardé les fleurs, moi aussi. J'adore les fleurs, mais pas les œillets, ni les lis, ni les orchidées qu'on trouve dans les palaces, sous des cloches de verre ; celles-là, je les détesterais plutôt. Je préfère les fleurs des champs, celles que mon père peignait. Elles ne tiennent pas longtemps si on les coupe. Elles vivent au bord des routes de France, et non dans les prisons de verre où les fleurs de Hollande sont empalées. Elles me font penser à Suzanne, pas à Béatrice.

Moi, je n'ai pas tripoté ma cigarette ; je l'ai mise dans ma bouche et je l'ai allumée avec un briquet or et croco, cadeau de Béatrice, acheté — mais oui — rue du Faubourg-Saint-Honoré à Paris. Elle se rend fréquemment à Paris, elle y étudie la nouvelle mode, la nouvelle vague, et le nouveau non-sens. Vous m'avez délibérément laissé avancer mon pion le premier.

— Mon pauvre Van der Valk, ne faites pas ces yeux de poisson bouilli.

— Comment ça ? (Je n'ai pas besoin de ce sourire pour savoir que vous aimez les remarques de ce genre.)

— Vous avez sûrement fini par comprendre que malgré tous les méfaits imaginaires et extraordinaires que vous vous êtes mis dans la tête, vous ne pouvez absolument rien prouver.

— Ce n'est pas ce qui me tracasse, avez-vous répondu avec le plus grand sérieux.

— Non ? Alors je ne sais pas voir ce qui vous tracasse. Je me sens coupable, puisque vous avez une fiche dans la maison.

— Ce qui me tracasse ? avez-vous répété pensivement, comme frappé par le mot. Ce qui me tracasse, c'est que vous pensiez que je me tracasse. Oui, c'est vous. Vous me tracassez.

— Moi ? Expliquez-moi ça. C'est un symptôme qui m'intéresse.

— C'est bien, c'est très bien, je veux dire que vous soyez intéressé. J'avais peur de finir par vous ennuyer.

— Cessez de jouer.

Vous vous êtes lancé soudain au pas gymnastique, baïonnette au canon.

— Je trouve que vous passez trop de temps dans votre tour là-haut. Je trouve que vous vous mettez tout le temps à part de tout. Quelle espèce de contact avez-vous avec le monde extérieur ? Vous allez me dire que vous lisez des journaux, des livres, des périodiques, que vous étudiez la médecine, que vous voyez un tas de gens. Entre vous et tout ça, on tombe sur une barrière. Vous êtes loin de tout, là-bas, et il n'y a pas moyen d'y aller.

Vous avez secoué tristement la tête en donnant une tape sur le cendrier, tout à fait comme si vous aviez dit : « Je voudrais bien qu'il pleuve ; toute cette sécheresse, ce n'est pas bon pour les récoltes. »

J'étais irrité, naturellement. Il me fallait justifier cette irritation.

— Mon pauvre ami, vous êtes venu ici trois fois, et je suppose que vous avez recherché toutes les informations possibles dans le domaine public. J'imagine que vous avez interrogé mes amis. Et vous avez l'impudence de venir me parler sur ce ton ?

— Oh ! non, je n'ai pas interrogé vos amis, ils auraient été trop curieux ; ce n'aurait pas été raisonnable. Non, non, seulement le domaine public. Mais, à vrai dire, je vous ai vu plus de trois fois. De toute façon, vous avez trop peu d'intérêt pour moi. Vous voulez un exemple ?

— Allez-y.

— Toutes les semaines, vous allez au club athlétique. Tous les mardis soir, à moins qu'il n'y ait un concert que vous ne vouliez pas manquer. C'est un exercice auquel vous vous livrez sérieusement. Vous n'avez jamais de rendez-vous du soir, le mardi. (Ce sourire agaçant, à propos des rendez-vous du soir.) Vous jouez au squash, et vous savez y jouer. Avec deux ou trois amis, médecins comme vous. La petite culture physique hebdomadaire.

— Ce n'est ni un secret ni un mystère. Continuez.

— Coïncidence, je fréquente le même club, et même, je fais souvent du squash. Ce n'est pas pour vous filer. J'y vais depuis des années. Vous ne vous apercevez pas de ces choses-là. Vous avez les yeux fermés. La semaine dernière, je vous ai pratiquement marché sur le pied, et vous ne m'avez même pas jeté un coup d'œil. Vous avez le désir — et je crois que c'est un mauvais désir — d'effacer le monde, de le congédier de votre présence.

Je n'ai pas répondu tout de suite. A vrai dire, j'étais pris de court. Effectivement, le squash du mardi est une vieille habitude. Effectivement, je ne connais pas grand monde, là-bas. Il faut dire aussi que les groupes sont cloisonnés ; celui des escrimeurs, par exemple, à qui le club appartient, en fait. Mais je ne voulais pas présenter d'excuses qui paraîtraient si faibles.

— On ne peut pas dire que le fait de ne pas vous remarquer dans un endroit où je me rends pour faire de l'exercice constitue vraiment un délit.

— Qui vous parle de délit ? Une peccadille. Prenons une autre peccadille, si vous voulez. Le jour où vous avez été assez aimable pour me montrer votre tour, dans laquelle vous vous sentez si bien à l'abri de la grande foule, dont je suis, j'ai jeté un coup d'œil à vos livres de chevet. Et qu'est-ce que j'ai trouvé ? Des contes de fées. Un monde totalement imaginaire.

Je reconnais que vous ne faites guère étalage de votre intelligence. Mais tout cela ne constituait que des demi-vérités, difficiles à admettre, difficiles à réfuter. Effectivement, ces livres me passionnent. Il n'y a rien de mieux à lire au lit. Il n'y a pas la moindre raison d'en avoir honte, ni bien sûr, d'affirmer que cela dénote un désir d'échapper aux réalités. C'est absolument sans fondement, c'est absurde, c'est la pire prétendue psychologie à bon marché.

Je vous l'ai dit, acrimonieusement. Et vous avez ri de bon cœur.

— Ce n'était qu'un ballon d'essai. (Odieux, votre air réjoui.) Je voulais voir si vous alliez le bloquer. Je ne considère pas le fait d'aimer tel ou tel bouquin, que ce soit *Justine* ou *Alice au Pays des Merveilles*, comme quelque chose d'inquiétant. Mais le fait de passer si énergiquement à la contre-attaque me montre qu'il y a du vrai dans ce que j'ai dit. Les peccadilles, et il doit y en avoir une quantité que je ne connais pas, finissent par concorder. Je vais vous faire une petite comparaison à laquelle je viens de penser. Si vous voulez vous faire une idée rapide de l'état de mon système nerveux, vous me tapez sur le genou pour voir si je lève la jambe. C'est exactement ce que je viens de faire. Je vous ai tapé sur le genou et vous avez levé la jambe. On essaie encore un coup ?

Vous étiez plein d'une sorte de gaieté enfantine, dont j'ai remarqué qu'elle venait au premier rang de vos attitudes favorites. Je me suis retenu de vous donner quelques indications schématiques sur votre personnalité.

— Votre comparaison est fausse, et votre prétendue connaissance d'une science inexacte mérite un zéro, ai-je rétorqué de mauvaise humeur. Vous vous contentez de bredouiller un jargon qui dénonce votre esprit superficiel.

— Excellent ! Qu'est-ce qu'on pourrait faire d'autre ? Les pieds ? Quelle est la formule de jargon qui signifie qu'on chatouille les pieds de quelqu'un pour voir s'il replie les orteils ? Les miens se replient comme une pieuvre écorchée par une idée creuse.

J'ai souri.

— Simple test de réaction, ai-je dit sérieusement, connu sous le nom de réflexe de Babinski, d'après un neurologue français bien plus éminent que je puis l'être.

— Babinski. C'est merveilleux. Il ne pouvait pas se tromper, avec un nom pareil. Bien ! Soyons sérieux. Je vous invite à faire une petite partie de squash. Pas mardi. Que diriez vous de mercredi ? Vous me battrez facilement. Est-ce que vos orteils sont repliés ?

Je me suis senti provoqué par votre sourire impassible, j'imagine. Vous étiez à l'affût du moindre signe d'hésitation, ou d'irritation.

— Pourquoi pas ? (Très aimable.) Et maintenant, je vais vous demander de m'excuser. Cette petite lumière me dit qu'un patient attend.

XVIII

Depuis ce dernier petit bout de conversation, j'ai beaucoup pensé à vous. Ou plutôt, pour être précis, à une science aussi inexacte, c'est le moins qu'on puisse dire, aussi contrefaite par l'opinion générale que la psychiatrie. Vous n'êtes pas quelqu'un de prétentieux et je crois que vous n'iriez pas prétendre que la criminologie repose sur des bases scientifiques. Il doit exister des théories, j'imagine, et on doit probablement les enseigner dans les écoles de police. Je vous soupçonne de me donner votre accord si je dis que ces théories sont à peu près aussi modernes que celle des bosses du crâne humain.

En tant que neurologue, j'ai un léger préjugé

contre la psychiatrie, à cause de la confusion populaire. Les gens viennent constamment me demander sérieusement si la psychanalyse pourrait leur faire du bien. J'ai remarqué que les tribunaux, dans les affaires criminelles, font de plus en plus confiance à l'opinion des psychiatres. Pour ma part, je ne voudrais pas être à la place du médecin à qui on demande sérieusement son avis sur une vieille femme qui a empoisonné ses deux maris avec des produits désherbants à vingt ans d'intervalle. Je prends ceci comme exemple, car il y a eu récemment dans la presse deux ou trois affaires similaires.

Je ne crois pas qu'il se trouverait un quelconque psychiatre exerçant sérieusement son métier, pour avoir l'insolente vanité de prétendre pouvoir lire en cette vieille femme, et dire avec certitude : « Oui, c'est bien le monstre dont parlait le procureur, et c'est votre devoir, mesdames et messieurs, de faire appliquer rigoureusement la loi. » De même qu'il lui serait singulièrement téméraire de dire : « Envoyez-la-moi pendant un an à la clinique, et je vous la rendrai comme neuve, prête à servir la société. » Il sait qu'aucune des deux réponses ne tient debout. Il ne peut pas faire à cette vieille femme le plus léger bien.

Même les aspects physiologiques de la souffrance et de la misère humaines demeurent terriblement confus. Je suis confiant en mes diagnostics, mais je reste désarmé devant un nombre assez effrayant de cas. Il peut y avoir des hommes, certainement, qui se sont élevés eux-mêmes, par de rigoureuses disciplines, à un degré de sensitivité que nous n'imaginons pas. Grâce à une publicité dont il se serait peut-être bien passé, nous en avons un exemple avec Felix Kersten. Mais Kersten lui-même, s'il fut capable de soulager plus ou moins Heinrich Himmler de ses maux d'estomac, ne parvint pas à en venir à bout.

Vous, Van der Valk, vous serez d'accord avec moi : dans un certain concours de circonstances, n'importe quel homme peut commettre un crime. Parce que son système nerveux a été déréglé. Quand la peur et l'angoisse commencent à agir sur un homme, il se produit tout un jeu de permutations qui n'en finit plus, et nous avons un criminel. Les causes de cette tension nerveuse... mon pauvre ami. La prétention, par exemple, et l'esprit de compétition. La peur de vieillir, due à notre récente et exagérée dévotion de la jeunesse. Quels sont les effets — les effets physiologiques — de la conscience humaine, cette satanique invention, sur le corps humain ? Vous allez donc me dire que tout homme que je pourrais vous désigner pourrait être criminel.

Sommes-nous tous des criminels ? Les manifestations extrêmes de l'esprit humain sont-elles toutes d'origine nerveuse ? Jeanne d'Arc était-elle simplement une sorcière ? Tous les saints sont-ils des névrosés devenus dangereux avec le démantèlement de leurs névroses, transformées alors en psychoses ? La religion protestante, par exemple, ne doit-elle son existence qu'à la constipation chronique de Martin Luther, qu'aux maux d'oreilles de Calvin ? Vous voyez tout de suite le ridicule de telles théories. On ne peut pas simplifier.

Je n'emploie pas le mot religion dans son sens étroit et sectaire. Dans tous les faits et gestes de l'humanité, il y a un problème moral. Tous les drames ont pour pivot un problème moral — ce n'est qu'un truisme. Si le sens moral est atteint, est-ce que cela donne automatiquement un criminel ? Qu'est-ce qu'un criminel ?

Supposons, mon cher Van der Valk, en vertu des fantasmes quelque peu abusifs dont vous vous prétendez l'objet, que vous soyez vous-même neurologue. Soyons concret, vous êtes Felix Kersten, et vous êtes appelé à guérir les douleurs atroces et incompréhensibles de Heinrich Himmler : le célèbre mal d'estomac du SS. Vous suivez votre patient sur une longue période, sur plusieurs années. Vous vous trouvez en présence d'une personne morale. Himmler avait d'antiques vertus militaires qui sont devenues, dans notre société, dérisoires. Loyal, honnête, incorruptible, patriote. Pauvre en argent malgré sa situation. Charitable, gentil avec les pauvres, respectueux de sa famille. Ses idéaux étaient la simplicité, le sacrifice personnel, l'intégrité. Personne ne peut le nier.

Le monde tout entier n'aurait-il pas dû respecter cet homme ? Lui-même n'aurait jamais pu comprendre qu'il existerait des gens qui ne le respecteraient pas.

Il y a eu des gens, et ce n'étaient pas les plus stupides, pour dire qu'Himmler n'était qu'un petit maître d'école un peu piqué, pas beaucoup plus piqué que beaucoup d'autres gens incapables de faire du mal à une mouche mais prêts à soutenir d'étranges théories sur les tribus égarées d'Israël.

Vous savez, vous, Kersten, qui êtes neurologue, que le petit maître d'école souffre de l'estomac parce qu'on l'a obligé à faire des choses monstrueuses... Vous saisissez clairement la nature de la maladie, mais celle du crime vous échappe.

Kersten était un médecin très adroit, très sensible, merveilleusement outillé, à côté duquel je ne suis qu'un homme de peine abruti.

Suis-je un malade ? Suis-je un criminel ? Qu'en savez-vous ? Je voudrais bien que vous le sachiez. Mais si vous le saviez, vous m'arrêteriez. Cette histoire de preuves, c'est sans importance, n'est-ce pas ?

Cela a-t-il quelque chose à voir avec Dieu ? Quel dieu ? Le despote lunatique à la Staline ? L'agneau si doux à la barbe laineuse et au cœur saignant au milieu de la soutane d'un blanc irréprochable ? Le dieu de l'Islam, du désert, du romantique jardin d'Allah, avec les puits de pétrole encerclés par des parachutistes, avec des asperges fraîches convoyées chaque semaine par Air France ?

Le dieu qui appartient à qui ? A qui Dieu appartient-il, en Hollande ? Une anecdote... L'autre jour, j'ai été accosté dans la rue par une de ces filles qui distribuent des tracts évangélistes. Il n'est pas de mise de se montrer désagréable envers quelqu'un qui a le courage de faire ça dans la rue. Je ne l'ai pas empêchée de m'attraper par la manche, mais je ne savais pas quoi faire des tracts.

— Encore une nouvelle secte, n'est-ce pas ? Il y en a trop, vous comprenez.

A ma grande surprise, elle était d'accord. Une fille sérieuse, très jeune, pas jolie mais avec de beaux yeux. « Vous avez malheureusement raison, m'a-t-elle dit. Il y en a cent quatre-vingts pour ce seul pays. »

Vous saviez ça, Van der Valk ? Sans doute que oui. Vous êtes exactement le type qui doit rentrer de pleines poubelles d'informations les plus invraisemblables.

Je n'appartiens à aucune secte, évidemment. Ce qui m'a rendu furieux, c'est que cette fille était beaucoup moins embarrassée que je ne l'aurais été moi-même dans sa situation. Ce Dieu insaisissable a-t-il inventé le crime ? Je ne vous apporte pas la paix, disait-il ; je vous apporte un glaive.

XIX

J'ai relu ce que je vous écrivais l'autre nuit. A propos de mon enfance. Aucun psychiatre, excepté un imbécile obnubilé par des règles stupides — avec toutes les variantes prônées par l'école à laquelle il appartient — ne viendrait prétendre remonter par là aux sources précises de ma personnalité d'adulte, de mes conceptions et de mes actes, de mon comportement caractéristique. Même s'il en savait plus, même si je lui racontais toute ma vie d'adulte.

Je ne crois aucun médecin capable de pénétrer l'être humain. Imaginez un médecin idéal qui posséderait les techniques du psychiatre, la science du physiologiste, le doigté du neurologue, la longue expérience de l'homme et de son foie des anciens praticiens de médecine générale. Imaginez-le bien imprégné des cultures chinoise, hindoue, arabe. Donnez-lui le dernier matériel mis au point par les équipes de chercheurs de Berkeley, Californie — bénies soient leurs socquettes de coton.

C'est complètement idiot ?

Très bien, alors constituez une équipe de médecins comprenant toutes ces branches. Vous ne vous ennuierez pas. Dans les trente secondes, ils s'attraperont par la barbe.

Vanité...

Vous vous souvenez qu'au début de ce manuscrit, j'ai cité en plaisantant M. Simenon ? Il s'en tirerait aussi bien qu'un autre. Hélas ! il ne faut pas le déranger ; il faut le laisser marcher dans son jardin, cinq kilomètres par jour. Un philosophe péripatéticien. Bon, vous allez jouer son rôle. Je voudrais bien lui écrire mais je me méfie de ses secrétaires, et il est empoisonné par les cinglés, par les mendiants, par les aspirants écrivains.

Suis-je un criminel, monsieur Simenon ?

Je ne suis pas quelqu'un de très intéressant. Du point de vue du neurologue, je me situe dans la banale catégorie des « grands nerveux ». J'ai besoin de mener une vie tranquille, régulière, de bien manger et de bien dormir. Mon heure, c'est le matin. Mes réactions sont lentes. Je n'ai jamais osé conduire régulièrement une voiture. Mes muscles sont faibles, ma digestion incertaine. En revanche, je suis capable de fournir une considérable énergie nerveuse, et je dispose d'un bon esprit analytique. Muscles lâches et esprit tendu. J'ai besoin d'air pur et d'exercice et de massages. Quelque chose dans le genre de M. Voltaire — ou puis-je aller jusqu'à dire Herr Himmler ? J'ai peu de carences mentales. Je ne suis jamais ni paresseux, ni envieux, ni goulu. J'ai acquis la patience et le détachement. Je sais me montrer souple, agile et réceptif.

Mon corps me cause des petits désagréments, mais je me connais bien. Mes organes internes se trouvent présentement en parfait état. Yeux, dents, oreilles, vifs et perçants. Je me tiens en bonne condition grâce au jeu du squash et au sauna finlandais hebdomadaires. Tous les ans je vais aux sports d'hiver, et je possède une petite villa sur la côte du Portugal, où je passe un mois chaque été.

Vous allez être gêné par ma femme. Vous avez peut-être raison, et c'est le grand échec de ma vie. La catastrophe, éventuellement, qui aura démoli l'animal. Méfie-toi, mon ami, des biens de ce monde. Vous saviez déjà tout ça ? Jusqu'où ne va pas votre observation ?

Mais j'y pense, quand on vient me consulter je procède automatiquement à un examen physique complet. Sans cela, je ne risquerais jamais un diagnostic, même s'il s'agit d'acné (j'ai de nombreux patients atteints d'acné). Vous, vous devrez vous en passer. Vous compenserez cela par l'observation. Je me demande combien vous y êtes fort. Pour ma part, je n'y suis pas mauvais, c'est pourquoi je vais me livrer à une petite expérience. Lisez bien, cela vous sera salutaire. On va voir ce que je sais de vous, à partir de ma seule observation.

Du vent, tout ça. La vérité, c'est que je voudrais simplement vous connaître mieux.

Je ne peux compter que sur ma mémoire. J'ai une mémoire excellente, aussi bien visuelle qu'auditive.

Vous êtes moins grand que moi, mais je fais un bon mètre quatre-vingt-cinq. Vous êtes bien plus costaud, mais vous allez vous empâter, mon vieux, à moins de devoir faire beaucoup plus d'exercice que moi. Vous devez peser dans les quatre-vingt-dix kilos. Je trouve que vous avez de belles mains, fortes, larges, et je suis heureux de le dire, propres. J'éprouve plus de suspicion envers vos chemises : aimez-vous les cotonnades foncées pour elles-mêmes ou parce qu'on peut les laver moins souvent ? Vous n'êtes pas coquet ; vous portez des vêtements ordinaires, mais ils vous vont bien. Je constate avec plaisir qu'on ne vous voit jamais de vestons de sport ni de blazers. Simple et seyant ; c'est un bon point. Vos chaussures, quant à elles, sont de belle qualité. Un autre bon point.

Votre visage ressemble un peu trop à celui d'un singe doué d'intelligence. Il est osseux et découpé, ce qui le rend supportable. Vous avez la mâchoire trop lourde, les dents trop grandes, la bouche trop large, ornée de deux énormes sillons latéraux. Un bon nez. Vos yeux sont trop petits et trop incolores. Une bonne nuque bien dessinée. Vos cheveux sont coupés presque aussi court que les miens — pas d'accroche-cœurs. Si vous aviez le front moins bas et la mâchoire proéminente, vous seriez très présentable. Surtout sans cette bouche en caoutchouc de vieux comédien.

Vous avez la plaisante habitude, tout en parlant, de vous débarrasser de votre veste et de rouler vos manches ; c'est inconscient, vous n'avez pas trop chaud, et cela m'amuse. Vous portez, je l'ai remarqué, une fine alliance. Et une montre de plongée sous-marine, qui doit être un cadeau de votre femme, j'en suis sûr. C'est juste le genre de montre que l'on reçoit en récompense de dix ans de mariage.

Vous farfouillez d'abondance dans vos poches, toujours pleines de tout ce qu'on veut. Je pourrais citer : un canif de travailleur manuel, votre paquet de cigarettes toujours aplati (j'admets que ces paquets-là sont de détestables choses), et tout un assortiment kleptomaniaque de rouleaux de papier collant, de trombones et de bouts de ficelle. Vous n'accordez pas grande confiance aux crayons à bille, puisque vous en portez toujours au moins trois sur vous, encore que vous n'achetiez — en toute confiance — que les moins chers. Vous rangez votre argent dans un porte-monnaie — c'est un petit trait vieillot et plutôt plaisant. Il est clair que vous venez d'une famille pauvre où l'on vous apprenait à être soigneux et à ne rien gâcher.

Je ne prends pas trop de risques en disant que vous êtes un grand autodidacte. Vous n'avez pas fait de grande école, vous n'êtes pas allé à l'Université. En voulez-vous un peu aux gens de leur vernis polytechnique ? Cependant, vous éprouvez du respect pour cela. Si vous étiez Français, vous ôteriez votre chapeau en passant rue d'Ulm.

Ce dont vous ne manquez nullement, c'est d'une considérable curiosité intellectuelle. Vous vous êtes donné des notions de poésie et de philosophie. Vous n'y connaissez rien en musique mais vous êtes fort convenablement cultivé. Vous parlez français et allemand, ce que je vous envie, car si je lis ces deux langues je ne sais pas les parler. Vous étiez dans l'armée en Angleterre — mais vous me l'avez dit vous-même.

Vous êtes terriblement Hollandais. Vous en avez la rudesse, la brutalité. Votre penchant à l'humour de lieux d'aisance est déplorable. Vous avez les vertus hollandaises : stabilité, persévérance, obstination. Vous avez aussi une imagination délirante — mais cela c'est moins commun — et vous êtes absurdement individualiste. Il est certain que vous vous êtes conduit envers moi comme aucun policier en travail commandé ne l'aurait fait ; cela, mon ami, cultivez-le, c'est vous.

Vous éprouvez une certaine sympathie pour

moi, et vous ne cherchez pas — c'est bien — à la dissimuler. Vous-même êtes plus ou moins sensuel ; vous aimez bien manger et bien boire, n'est-ce pas ? Et les filles, et les parfums, et l'art baroque, et les paysages méditerranéens. Vous avez un côté fortement vulgaire, et vous n'en avez pas honte.

Vous êtes un type impossible. Personne n'aurait jamais dû percer mes fortifications. J'aurais pu porter plainte contre vous. Cela ne vous aurait pas intimidé.

Il faut que vous sachiez que je n'ai pas voulu, délibérément, porter plainte contre vous, et que je n'ai pas peur de vous. Je voudrais vous montrer qu'en un sens je suis digne de vous, que je ne suis pas dépourvu du sens de l'humour, que si vous m'épinglez je ne vous en voudrai pas. Je vous aime bien, à la réflexion. C'est rare, quand j'aime bien les gens. Vous l'ai-je déjà dit ?... en d'autres circonstances, nous aurions pu devenir des amis.

C'est faux. Ce sont justement ces circonstances-ci qui font de nous des amis.

Vous avez dominé votre respect atavique de ma position sociale. Vous ne me considérez pas comme un médecin. Si vous mettiez la main sur moi, serait-ce sur le médecin ou sur l'individu ? J'ai du mal à voir en vous un policier qui n'a rien de mieux à faire dans la vie que de fermer des menottes sur des poignets de malfaiteurs.

Je vous envie. J'envie votre combativité, votre courage. La désinvolture qui constitue votre trait dominant m'intéresse avant tout, à cause de votre situation, de votre fonction dans un ordre social rigide. Je m'attendais à une démarche orthodoxe, vous avez tourné l'ennemi. Cela nécessite un certain courage. Vous appartenez à une hiérarchie, et un pilier branlant a peu de chances d'y survivre. Comment vous arrangez-vous de la réputation d'excentricité qui ne doit pas manquer d'être la vôtre ?

Mon envie est d'autant plus vive que je sais de quoi je parle. Je fais partie de cette structure que je vous disais. On attend de moi que je me conduise comme un médecin doit se conduire. On attend de moi que je tienne ma place de pilier, en société.

Évidemment, quand nous faisons preuve de combativité, nous ne sommes pas punis, comme vous devez l'être, par une réprimande. Nous sommes punis par une froideur à peine saisissable. Cette baisse de température s'accompagne d'une baisse de revenus, car le téléphone arabe avise les patients de la situation. Il est capable de vous guérir de vos petites maladies, mais ce n'est pas quelqu'un de vraiment bien ; vous feriez mieux de... Il est sur la pente savonneuse, il devrait commencer à changer de conduite s'il ne veut pas se retrouver bientôt, à moins de reprendre rapidement et discrètement le droit chemin, dans la situation, disons d'une personne éminente, en Alabama, sur qui on aurait collé une petite étiquette : « J'aime les nègres. »

Je crois que je sais pourquoi vous en réchappez. Vous avez un avantage qui me fait défaut. Je pense que vous ne possédez pas seulement de la combativité, mais du talent. Le talent, à condition qu'il soit considérable, peut protéger de la persécution. Je pourrais peut-être vous citer une demi-douzaine de personnes, qui ont du talent, et qui ont sauvegardé leur liberté. Même un ministre...

Avez-vous deviné pourquoi j'insiste sur le sujet,

pourquoi je suis fasciné. Exactement, mon vieux. C'est parce que je n'y ai pas réussi moi-même. Je ne fais pas partie de votre club, du club de ceux qui ont du talent, de ceux qui s'en fichent. Je n'ai pas assez de talent. Je ne suis pas très bon.

Naturellement, je ne vais pas tomber dans la grossière erreur d'avoir pitié de moi-même, ni dans celle de me sous-estimer. N'allez pas penser non plus que j'en rejette toute la responsabilité sur ma femme. Il est vrai que j'ai souvent pensé que les choses se seraient passées de manière très différente si j'avais épousé une autre femme, mais ce n'est pas la faute de Béatrice. Je l'ai choisie. Je l'ai épousée en toute connaissance de cause, de sang-froid, pour sa richesse, pour sa position sociale, pour qu'elle me fasse entrer dans ce que j'appelais en moi-même « le club ». Le Tout-Paris, vous savez ? Je ne comprenais pas que ce n'était rien de plus qu'un club.

Et je suis un bon médecin. Mais je n'ai jamais pu casser la barrière qui sépare les bons ouvriers des champions. Je suis né en deuxième catégorie. Peut-être ne vous en êtes-vous pas encore aperçu.

Ça va venir.

XX

Je suis découragé. Vous vous êtes défilé. Je pensais que nous étions arrivés quelque part... et que nous allions enfin pouvoir établir un vrai contact. Vous m'avez attiré, puis vous m'avez laissé tomber. Ai-je quelque chose à voir avec vous, après tout ? En fin de compte, vous êtes un petit flicaillon qui se croit intelligent. Vous n'êtes pas plus intelligent que moi, sans doute moins. Je me suis amusé à vous laisser approcher, à vous faire voir ce que vous manquiez, à vous faire mesurer la distance que vous ne pourriez pas franchir. Je vous ai permis de croire que vous étiez plus intelligent que vous ne l'êtes. Mais vous êtes un clown, inspecteur Machin, et un clown ne peut pas prendre au piège quelqu'un comme moi. Vous savez que vous ne pouvez rien contre moi, alors vous me proposez effrontément de me rendre...

C'est une sensation très bizarre, d'arriver dans un endroit que l'on connaît bien et de le trouver soudain si étrange. Je n'aurais jamais pensé que la clientèle du mercredi pouvait être si différente de celle du mardi. Je sais bien qu'il y a partout des fanatiques mais je n'y pense pas. Je me sentais perdu, et j'ai traîné dans tous les coins pour voir si vous n'étiez pas déjà arrivé. Une employée du bar m'a reconnu et m'a demandé si j'avais perdu mon calendrier, ce qui m'a rendu mal à l'aise.

Je vous ai trouvé en train de jacasser avec un homme que je ne connais pas et n'ai pas envie de connaître. Il a tout l'air d'un con. Vous m'avez dit qu'il avait de sérieuses chances au championnat d'Europe de judo, dans les poids légers, ou dans les poids plumes, ou dans les poids cons, qu'est-ce que cela pouvait bien me faire ? Vous m'avez dit que vous vous étiez mis au judo pour le cas où on vous saquerait à la police et où vous deviendriez chauffeur de taxi ; ceci à mon attention. Votre collègue poids cons, qui avait le genre de cheveux bouclés jaune paille qui me fait grincer des dents, a trouvé que c'était une bonne plaisanterie et vous a tapé dans le dos. Pour moi, c'est bien simple. Quand quelqu'un me tape dans le dos, je ne lui parle plus. Mais je suppose qu'un policier ne peut pas se permettre ce genre de choses. Cet homme avait tout l'air d'une espèce d'employé de banque détourneur de fonds, mais c'est peut-être pourquoi vous le ménagez.

Ensuite, il vous a fallu jacasser avec un autre collègue, une grosse fille aux cheveux en queue de rat et au regard borné — une nageuse. Après m'avoir fait attendre une bonne vingtaine de minutes, vous avez dit : « Bon, eh bien, allons faire du squash ! » et j'ai eu bien du mal à retrouver le contrôle de moi-même.

Je me suis changé. Il n'y a pas beaucoup de placards personnels mais j'en ai un. Cela ne m'empêche pas de ramener ma tenue à la maison chaque fois que je m'en suis servi. Les vêtements imprégnés de transpiration sentent encore plus mauvais après être restés pendus vingt-quatre heures dans un placard hermétique : il est désolant que les gens ne s'en rendent pas compte. Bien qu'on y fasse aussi de l'escrime, le terrain de squash est encore l'endroit où ça sent le moins les pieds.

J'ai enfilé un pantalon de coton et un gilet de survêtement. Vous étiez vautré sur un banc, les mains dans les poches de votre petit short : vous aviez simplement envoyé balader votre pantalon. Je n'aime pas qu'on me regarde pendant que je me change, mais c'était un bon entraînement au calme vigilant que je dois garder en face de vous.

Je ne porte pas de short, si ce n'est pour me baigner; j'ai le genre de jambes tendineuses qu'un short ne met pas en valeur. Vous, c'est le contraire. Musclées et poilues. Magnifiques.

Histoire de faire la conversation, j'ai dit n'importe quoi. En caleçon et en public, je ne suis pas très bavard. Mais j'avais besoin de rompre le silence pour garder l'équilibre.

— Il est très bien, votre sweater. (Vous portiez un sweater blanc, ou presque blanc, vous devriez demander à votre femme de vous le laver.)

Votre visage s'est illuminé à sa façon enfantine.

— N'est-ce pas, hein ? C'est un sweater de la marine, ils ont ça dans les sous-marins. J'ai payé ça dix shillings, dans un surplus, il y a vingt ans que je l'ai.

Typique.

J'ai sorti ma raquette de sa presse. La vôtre n'en avait pas.

— J'ai une flopée de balles.

— Enchanté de vous l'entendre dire. Je n'en ai plus une seule ; mes enfants me les réquisitionnent.

Nous sommes entrés sur le court. Je suis un bon joueur de squash, j'ai une frappe très sensible. Si je tape dans un certain angle, je sais dans quel angle ça va revenir. Je m'efforce de tenir le jeu, parce que je ne sais pas poursuivre une balle. Je savais que je pouvais compter sur mon adresse pour vous battre, mais le match a été plus dur que je m'y attendais. Dès que vous avez eu quitté votre sweater de sous-marin pour apparaître en gilet de corps, vous vous êtes mis à chasser n'importe quoi. Tapant comme un sourd sur des balles impossibles, parlant, riant, chahutant, et sautant sur des ressorts chaque fois, c'est-à-dire assez souvent, que vous aviez réussi à tirer un coup de canon qui se répercutait dans tous les sens et me laissait sur les genoux. Vous couriez comme un sauvage en vous cognant dans les murs. Tous vos services étaient deux fois trop longs mais vous avez réussi un ou deux petits revers de rien du tout, dont je ne vous aurais pas cru capable, et au moins trois superbes balles que personne n'aurait pu renvoyer, même si, à la suivante, immanquablement, vous la laissiez passer carrément, quitte à chercher un trou dans votre raquette. Quant à moi, aucune surprise : intelligent, contrôlé, et à l'occasion extrêmement adroit.

C'est probablement momentané, certainement temporaire, mais je me sens quelque peu déprimé. Je suis fatigué. Vous êtes comme le Vieil Homme de la Mer. J'ai besoin d'une rupture dans ma routine. J'ai bien pensé que ce serait une erreur de tactique, que cela allait vous amener à croire que je commence à craquer, mais peu importe ce que vous pouvez penser. Vos pensées ne vous aideront pas à trouver une preuve légale et accablante contre moi.

J'ai eu la tentation, dans les moments de fatigue comme celui-ci, d'envoyer tout promener une bonne fois pour toutes. Je pourrais toujours disparaître. Vous gardez certainement un œil sur moi. Vous avez pu vous arranger pour être averti, au cas où je ferais un retrait inhabituel à ma banque. Non, je crois bien que cela équivaudrait à une action officielle nécessitant un mandat officiel, et je n'ai jamais cru que vous ayez aucun mandat officiel. Oui, c'est une tentation de penser à l'existence agréable que je pourrais me faire en Amérique du Sud.

Allons, allons : on dirait un lamentable médecin qui se serait livré à d'ignobles expériences dans des camps de concentration. Ne retombons pas en enfance. Il n'y a vraiment pas de quoi intenter un procès sur mon cas. Aucun officier de police ne pourrait se le permettre. Il serait immédiatement blackboulé par une marée de délits d'outrages. Arrestation arbitraire, diffamation, préjudice professionnel, abus de pouvoirs judiciaires. Je n'ai qu'à lever le petit doigt, sonner mon ministre, et dire qu'un officier de police est en train de me faire chanter.

Ma position est extrêmement forte aussi longtemps que je la maintiens dans son état actuel. Je me sens mieux. J'ai toujours récupéré rapidement. Je vais partir pour une semaine, et vous n'aurez rien à y redire. La mer? Non, la saison est encore trop estivale et c'est toujours bourré de touristes. Peut-être bien la forêt. L'automne approche, il va bientôt y avoir des champignons. Je vais me laisser tenter par les arbres. Des arbres, en nombre incalculable. Et puis je pourrai vous ramener en cadeau quelques amanites.

Post jouait au squash de façon typique, pensait Van der Valk en fourrant son short dans son casier, à côté du carton gris marqué C.M.P. « Il m'a battu, évidemment, il est entraîné, il a de la technique. Mais si je prenais ce foutu jeu au sérieux, je pourrais l'avoir. En chassant toutes les balles, en le harcelant, en lui faisant perdre l'équilibre, en le poussant à mort... Ouais, c'est un fin joueur, mais quand une balle arrive plus loin que son bras, il la laisse passer. Il reste planté là à la regarder passer, avec son petit sourire, et il fait à son adversaire un petit signe de félicitation amusée, comme à un paysan qui veut traverser la route. Comme si le fait de courir, de se démener, de se battre pour gagner, avait quelque chose de méprisable. Il ne veut jamais se battre. »

Il décida alors de lâcher toute la vapeur.

Il attendit le médecin au bar.

— Vous prenez un verre ? Non, pas ici ; il y a trop de monde. Pourquoi pas au *Amstel* ? C'est plus votre genre, de toute façon. Calme, discrétion, élégance, point de vue magnifique au-dessus de l'eau, le soir. Crépuscule au-dessus du pont, comme un Whistler nocturne, ce sentiment nostalgique — voilà le *Amstel* ! Et puis jamais de racaille policière.

Le *Amstel Hotel*, le meilleur de Hollande, n'était qu'à quelque deux cents mètres de là par la Sarphatistraat.

— Entendu, répondit aimablement Post. Ce sera très agréable. J'apprécie beaucoup votre compagnie, vous savez. Vous êtes un cas intéressant, vous aussi. Vous feriez un bon exemple dans un ouvrage théorique.

Van der Valk rayonna.

— Vous espérez toujours que je vais me fatiguer, rentrer chez moi et vous ficher la paix ?

— C'est vous que cela regarde. Vous perdez votre temps. Cela ne me gêne pas. Je ne vous ai pas déjà parlé de cet homme qui était régulièrement repris du désir de me tuer ?

— Nous y sommes. Nous pourrions rencontrer M. Merckel. C'est le terrain d'élection de vos patients, ici. Dîners officiels, chemin de table, gracieux patronage royal. Pour la sauvegarde des animaux sauvages, ou quelque autre cause tout aussi méritoire.

Ils s'assirent près de la fenêtre, au bord de la terrasse, et contemplèrent la rivière Amstel.

— C'est moi qui régale, puisque j'ai perdu. Deux grands cognacs, du meilleur.

— Certainement, monsieur. Avez-vous une marque préférée ?

— Celle qui vous plaira. Et deux havanes.

— L'hospitalité de la police ! dit Post. Je suis très frappé. C'est très significatif, je le crains : vous avez besoin de compensations. Pourquoi pas deux bières et un paquet de caballeros ?

— Parmi tous mes clients, vous êtes l'un des plus originaux. J'aime les voir heureux, moi aussi. Regardez le garçon en train de chambrer les verres... il s'ennuie à mourir, vous savez. Comme moi. J'ai de la sympathie pour tous les garçons de café ; en un sens, j'en suis un, moi aussi.

— Personnellement, je ne m'ennuie jamais.

— Vraiment ? Tenez. Je vous ai commandé ça parce que vous en aviez besoin.

— Après une partie de squash ? On demande plutôt une orangeade, non ?

— C'est différent, maintenant. Maintenant, c'est une rencontre de championnat. Il vous faut rassembler tout votre courage. Vous savez qui gagne les matchs de championnat ? Celui qui se décourage le moins vite. Si cette partie avait été un match de championnat je vous aurais battu aisément, non ? Vous me suivez ?

Post ne dit rien. Van der Valk saisit son énorme verre, y plongea le nez et s'en lécha les babines.

— Je vais rentrer, dit-il. Ma femme doit se demander où je suis passé. Je vais quand même faire une petite balade le long de la rivière, jusqu'à la place Rembrandt. En fumant ça. Au bord de l'eau, ça a meilleur goût.

— Bonsoir.

— Tout le plaisir était pour moi. Appelez-moi d'ici quelque temps... quand vous en aurez assez de tout ça. Ne devenez pas comme Casimir — peu à peu vous allez les prendre de plus en plus jeunes... Il n'y a pas d'avenir, là-dedans. Vous aimeriez bien en sortir, de cette maison, n'est-ce pas ? Vous pouvez, vous savez. A un de ces jours.

D'un air plutôt las, Post chercha le regard du garçon et demanda un autre cognac. Il aurait tellement voulu être déjà de retour dans son studio, allongé en robe de chambre sur le petit lit, avec un livre de Jane Austen — il aimait de plus en plus Jane Austen...

Ce ne fut pas sans une certaine allégresse que Van der Valk apprit le départ de Van der Post pour un petit congé dans le Schwarzwald. C'était bon signe. Rien de tel qu'un bon paysage introspectif de forêt allemande pour raviver une certaine mélancolie chez une nature poétique. On renonçait aux femmes pour le petit volume de Rilke relié de cuir, hein ? Ou bien, évidemment, pour prendre sa carabine et partir à la chasse au daim. Encore mieux ! Post devait faire un drôle de chasseur : il devait passer tout son temps à essayer de sympathiser avec le daim. Quelles pensées lui traversaient l'esprit quand, après avoir longtemps rampé dans les broussailles, il arrivait contre le vent, devant la bête sans défiance ? Il devait retenir sa respiration, détendre tous ses muscles, se noyer dans la contemplation des fils d'araignée ondoyant sur ce flanc chaud et sympathique. Était-il alors capable de plier la dernière articulation de l'index de sa main droite ?

Quoi qu'il en soit, Van der Valk aussi chassait le daim, dans un petit bureau mal aéré de la Marnixstraat. Il ne débusquait pas beaucoup de bonnes idées, pour le moment, mais il avait tout son temps.

Malheureusement, il fut soudain emporté par une de ces périodes incroyablement mouvementées de la vie du policier. Au lieu de finir agréablement ses journées d'été en étudiant le maintien d'une catin de l'art, il rentrait chez lui à onze heures du soir, abattu et silencieux. Il avalait un chocolat et se laissait traîner au lit par sa femme. Il ne l'avait pas vue de toute la journée, et il ne la voyait guère plus pendant qu'elle lui retirait ses chaussettes, sa chemise, et qu'elle lui défaisait sa ceinture pour lui masser un peu les muscles du dos. Ce n'était pas la première fois qu'il se voyait obligé de tout oublier du docteur Van der Post. Il y avait d'autres casseroles à mettre au fourneau, si le fourneau tenait le coup.

Ce fut finalement l'inspecteur-chef Kan, toujours égal à lui-même, qui épingla Janus le Bigleux. Celui-ci avait commis la grosse erreur de devenir trop ambitieux. S'il s'en était tenu aux voitures d'occasion, on n'aurait jamais pu l'attraper, mais Janus était fatigué de jouer les garagistes. Ce qu'il voulait, c'est devenir un gentleman — bon Dieu, il y avait des criminels bien pires que lui, à qui le procureur tirait son chapeau quand il les rencontrait dans la rue. Il donna un coup de téléphone imprudent. Plus tard, lorsque Kan appela, très sélect, Janus perdit tous ses moyens alors qu'en temps normal Kan n'était pour lui qu'une bonne occasion de se payer une bonne crise. Pire, il perdit la tête. Il offrit à Kan un gros pot-de-vin (si gros que tout le monde sursauta et n'y aurait jamais cru venant de la part d'un autre, plus porté que l'inspecteur-chef à l'exagération). Pauvre vieux Janus... tout cet argent, et son regard croisé, et son redoutable accent d'Amsterdam, et ses vêtements *made in Charing Cross Road*. Il n'aurait jamais dû se mettre copain avec Rouppe, qui avait l'air tellement comme il faut que Janus ne serait jamais allé penser que ce pouvait être un indicateur...

Il était cuit. Faux et usage de faux, falsification de déclaration d'impôt sur le revenu, recel délibéré de biens appartenant à autrui, libre disposition des mêmes, ingérance auprès d'un officier de police dans l'exercice de ses fonctions, tentative de corruption de fonctionnaire — le juge (dont le front rougeoyait encore de délicieuses vacances dans l'Aegean) se livra à un petit calcul d'addition des peines, obtint un total fantastique, et regretta pour finir que nombre de ces condamnations dussent concourir.

Au Central, on jubilait. On jubilait toujours quand le téléphone sonna.

— Pour vous, Van der Valk.

— Un monsieur demande à vous parler, dit l'homme du standard.

— Ça tombe bien. Je suis un monsieur, moi aussi. Aujourd'hui, tout le monde ! (Avec beaucoup de libéralisme.) Le monsieur a un nom ?

— Un docteur Post.

Van der Valk eut un petit choc et s'en voulut d'avoir oublié. Il s'infligea une petite chiquenaude sur la première articulation de l'index. Il avait un daim à sa portée et il s'amusait avec un blaireau.

— Ici Van der Valk. Je vous souhaite le bonjour. Non, c'est une ligne privée. Oui, je suis seul dans le bureau. (Les autres avaient la bouche grand ouverte mais ils tenaient leur langue.)

— Voulez-vous passer me voir à mon cabinet, quand vous en trouverez le temps ? (Froide et lointaine, la voix posée de Post semblait moins émotive que jamais.) Vous êtes toujours là ?

— Je suis toujours là, oui. Je réfléchissais. J'ai envie de suggérer autre chose. Si vous veniez me voir ici même ?

— Là-bas ? A votre quartier général ou je ne sais comment vous l'appelez ? (Post semblait un rien choqué par une telle désinvolture envers son intimité.)

— Je crois que — je me base sur l'expérience de beaucoup de gens — je crois que cela vous sera beaucoup plus facile dans mon bureau que dans le vôtre. Cela se passera dans le plus grand privé, et nous ne serons pas dérangés. Vous n'aurez qu'à demander en bas le bureau du commissaire Samson. Je préviendrai le concierge qu'on ne vous fasse pas attendre.

Il y eut une nouvelle pause.

— Pourquoi proposez-vous cela ? finit par demander Post.

Tout dépendait de la réponse, pensa Van der Valk.

— C'est cette maison épouvantable, dit-il. Attendez, laissez-moi chercher comment m'exprimer exactement.

Van der Valk jeta un coup d'œil autour de lui. Kan s'était déjà remis à annoter la marge d'un quelconque rapport. Samson avait les mains dans les poches, les fesses posées au bord d'un bureau. Il avait un léger sourire, comme s'il avait été curieux de voir comment Van der Valk allait s'en tirer.

— Peut-être que la meilleure façon de présenter ça, reprit Van der Valk, c'est de dire que, une fois que vous serez ici, vous pourrez abandonner complètement une identité que vous vous êtes mis à supporter de plus en plus mal. Les gestes que nous faisons, ici, ce sont des gestes presque totalement automatiques et impersonnels. Sans non plus aucune hostilité, vous comprenez. C'est un peu comme une besogne amicale, si vous voyez ce que je veux dire.

Cette fois, la pause dura moins longtemps.

— Êtes-vous libre en ce moment même ? Je veux dire, pour être plus précis, dans environ vingt minutes ?

— Libre comme l'air.

— Très bien, dit Post brusquement. Attendez-moi.

Van der Valk raccrocha en disant « ouf ».

— Post, si je ne me trompe, dit le vieux monsieur.

— Vous ne vous trompez pas. D'ici un quart d'heure. Je voudrais lui faciliter les choses.

Samson avait compris.

— Entendu. Dans mon bureau, alors. Vous savez prendre en sténo. Alors il a fini par se rendre compte qu'il n'avait aucun ami au monde ?

— Je crois qu'il s'est rendu compte, dit tranquillement Van der Valk, que j'étais le seul ami qu'il ait jamais eu.

ACHEVÉ D'IMPRIMER SUR LES PRESSES
DE COX & WYMAN LTD. (ANGLETERRE)

Dépôt légal : avril 1995
N° d'édition : 2519
Imprimé en Angleterre